鲁班工坊系列图书

跨境电商客户服务

徐婷　仝玺　主编

天津社会科学院出版社

图书在版编目(CIP)数据

跨境电商客户服务 / 徐婷, 仝玺主编. -- 天津 : 天津社会科学院出版社, 2021.6
ISBN 978-7-5563-0737-1

Ⅰ. ①跨… Ⅱ. ①徐… ②仝… Ⅲ. ①电子商务-商业服务 Ⅳ. ①F713.36

中国版本图书馆 CIP 数据核字(2021)第 120453 号

跨境电商客户服务
KUAJING DIANSHANG KEHU FUWU

出版发行：天津社会科学院出版社
地　　址：天津市南开区迎水道 7 号
邮　　编：300191
电话/传真：(022)23360165(总编室)
(022)23075303(发行科)
网　　址：www.tass-tj.org.cn
印　　刷：天津午阳印刷股份有限公司

开　　本：787×1092 毫米 1/16
印　　张：10.75
字　　数：210 千字
版　　次：2021 年 6 月第 1 版 2021 年 6 月第 1 次印刷
定　　价：68.00 元

目　录

模块一　跨境客户关系管理概述 …… 1

项目一　认识跨境客服岗位 …… 1

项目二　跨境客户服务工作内容 …… 5

项目三　跨境电商客服工作素养 …… 10

模块二　跨境客户的开发 …… 12

项目一　跨境电商的市场调研 …… 12

项目二　跨境电商的市场定位 …… 23

项目三　跨境电商的市场拓展策略 …… 35

项目四　跨境电商的市场推广 …… 53

模块三　跨境客户管理 …… 58

项目一　客户信息管理 …… 58

项目二　跨境客户分类管理 …… 75

模块四　跨境客户的满意度管理 …… 78

项目一　跨境客户满意度的内涵 …… 78

项目二　跨境客户满意度的影响因素 …… 84

项目三　跨境客户满意度的提升 …… 90

模块五　跨境客户服务与沟通 …… 102

项目一　跨境客户沟通概述 …… 102
项目二　跨境客户沟通技巧 …… 105
项目三　跨境售前客户服务 …… 109
项目四　跨境电商售中客户服务 …… 119
项目五　跨境售后客户服务 …… 128

模块六　主流跨境电商平台客服体系 …… 136

项目一　亚马逊客户服务体系 …… 136
项目二　eBay 客户服务体系 …… 155
项目三　Wish 客户服务体系 …… 162

模块一　跨境客户关系管理概述

学习目标

知识目标：

1. 了解客户服务内涵
2. 能明确描述跨境客服岗位的工作目标、工作原则和工作职责
3. 能具体描述跨境客服的职业素质要求

能力目标：

1. 在实践中能明确跨境客服管理岗位的工作目标
2. 能良好地运用跨境客服的职业素养提供客户服务

项目一　认识跨境客服岗位

跨境客服的工作是一个窗口，通过该窗口客户能够了解店铺所卖产品的特性、功能，获得更完善的解答、更快速的反馈、更优质的服务。毕业生小张想要面试奇峰贸易有限公司的跨境客服管理岗位，面试前他应从哪些方面认识跨境客服管理岗位的工作呢？

一、跨境客户服务理念

（一）跨境客户服务概念

客户服务是指一种以客户为导向的价值观，广义地说，任何能提高客户满意度的内容都属于客户服务。跨境电商客户服务是指通过各种通信方式了解客户需求，帮助客户解决问题，促进网店产品销售的业务活动，包括客户售前咨询、订单处理、售后咨询等。跨境电商企业一般都设有专职的客户服务岗位，简称客服。

（二）跨境客户服务理念

跨境客户服务理念是指在与客户的接触过程中要做到以客户为中心，设身处地去理解客户，挖掘客户需求，不断满足客户需求，为客户创造价值。以下几点能帮助我们树立客户服务的理念。

1. 客户为什么会离开

调查显示，客户离开主要是因为他们得不到他们想要的商品，这同价格没有太大的关系，45% 的顾客离开是因为“很差的服务”；20% 的顾客是因为没有人去关心他们（以上就有 65% 的顾客离开是因为客户做得不好，而不是商品的价格）；15% 的客户离开是因为他们发现了价格更便宜的商品；15% 的客户离开是因为他们发现了更好的产品；5% 的客户离开因为其他原因。

2. 开发新客户的成本

开发一个新客户的费用是保持一个老顾客的费用的 5 倍；保留 5% 的忠实顾客，利润额在 10 年内能增加 100%；一个忠实的客户所带来的持续消费、关联性消费、介绍他人消费等是一次性顾客消费量平均额的 N 倍；公司 80% 的生意来自 20% 的顾客。因此，抓住最主要的客户尤其重要。

3. 优质服务所带来的收益

开发一个新客户需花大力气，而失去一位客户只需要 1 分钟。据调查，平均每一个被得罪的顾客会告诉 8 ~ 16 个人；被告知这个坏消息的人还会告知更多的人。不要得罪你的客户，你得罪的不是 1 个客户，可能是 500 个客户；在网络时代，坏消息更是能够瞬间传万里。

调查资料表明，不满意的顾客中只有 4% 会投诉，96% 的不开心的顾客从不投诉，但是其中 90% 的顾客永远不会再购买该企业的产品和服务。

二、客服工作的目的

（一）解决疑问，促进销售

售前客服通常需要解答客户对产品、售后服务和物流的咨询。售前客服应从专业角度为客户提供关于产品的信息，推荐可以满足客户需求的商品。

（二）解决售后问题，降低纠纷率

售后客服需要解决客户在下单之后发生的问题，帮助客户尽快解决问题。例如，客户下单后仓库一直没发货，客服应该催促仓库尽快发货，并将发货信息及时告知客户。

但是有些问题是客服无法解决的，如因天气原因物流延迟或客户收到的商品有瑕疵，客服需要安抚客户情绪，给予适当补偿，避免客户投诉。

三、跨境客户服务的工作原则

（一）积极主动，主导沟通

客服不应只是机械地应对客户提问，当客户提出一个问题时，作为客服应尝试理解客户提问背后的动机。例如，当客户提出“这件衣服除白色以外还有黑色的吗？”客服可以尝试了解客户为什么想要黑色的衣服。客户提出这个问题背后的原因可能有：客户不喜欢白色；客户体型丰满，穿黑色显瘦；客户所处地区排斥白色的衣服；客户因参加活动需要黑色衣服等。

如果客服机械地回答客户没有黑色，这个客户很可能就流失了；但是如果客服了解了客户问题背后的动机，则完全可以针对客户需求推荐其他商品供客户选择。

客服应尽量做的以下几点：

第一，提供解决方案，让买家可以选择。无论是售前推荐商品，还是售后解决问题，客服都应主动为客户提供解决方案，并且尽可能提供一套以上的解决方案供客户选择。

第二，语气柔和，善解人意。语气柔和亲切，能够让客户感觉到自己在与人沟通，而不是在与机器沟通。网络沟通因没有语气、语调和面部表情，沟通会损失部分信息，客服可以用笑脸表情和流行网络用语来弥补，拉近和客户的距离。

第三，多做一些，让客户安心。如果物流延迟了，客户可以主动告知客户物流运输情况，客服主动提供必要的信息可以让客户在等待的过程中更有安全感，降低纠纷率，提高好评率。

（二）实事求是，控制期望值

客服不能为了达到销售目的而进行过度营销，不能为了暂时敷衍客户的提问而做出过度承诺。客服话术应以实事求是为原则，客户会对客服做出的承诺产生不同程度的期望值，客服应控制客户的期望值在可兑现的范围内。

（三）承担责任，安抚情绪

客户发起售后咨询通常是因为某些原因造成这次交易不愉快，客服在接待售后咨询时应以安抚客户情绪为第一要务。

客户提出的理由可能是卖家的责任，也可能是物流的责任，甚至可能是客户自己的责任，客服面对客户的提问应第一时间安抚其情绪，再分辨责任。如果是卖家的责任，客服应第一时间承担责任，补偿客户损失；如果不是卖家的责任，客服可以表示对客户困扰的理解，并且积极主动帮助客户解决问题。

项目二　跨境客户服务工作内容

客户服务主要是为客户提供咨询服务,其是跨境电商企业岗位中与客户接触最多的岗位,客户服务质量的好坏直接影响消费者的购买。小张成功通过了奇峰贸易有限公司的跨境客服管理岗位的面试,人力资源部门安排其参加入职培训,使小张对跨境客服管理岗位的工作有了进一步了解。

一、跨境电商客服流程

(一)了解客户需求

1. 客户需求的概念

客户需求是指客户的目标、需要、愿望以及期望。在商业活动中,只要是涉及供应者与需求者,则需求者的相关要求都被称为客户需求。客户需求往往是多方面的、不确定的,需要去分析和引导。

2. 马斯洛需求层次理论

马斯洛需求层次理论将人类需求像阶梯一样从低到高按层次分为五种,分别是生理的需求、安全的需求、归属和爱的需求、尊重的需求和自我实现的需求。

图1-2-1　马斯洛需求层次理论

随着电子商务行业竞争越发激烈,客户服务已经取代产品和价格成为竞争的新焦点。如何用优质服务招揽客户、留住客户是企业的重要竞争力。客服人员应根据马斯洛的需求层次理论对进行客户服务管理,满足客户需求,从而留住客户。

3. 解客户需求

了解客户需求是指客服人员通过聆听、提问等方式挖掘客户主导需求的过程。客户需求分为表现需求与主导需求,表现需求是指客户直接表现出来的需求,是一种外在的需求;主导需求是指客户真实的、起主导作用的需求,是一种内在的需求。了解客户的真实需求以及隐藏在其表象需求背后的主导需求,是客服人员提高工作效率,促成与客户交易、解决问题的保证。

提问和聆听是了解客户需求的两种主要方式。运用提问和聆听技巧,既可以帮助客服人员提高客户的接受程度,提高与客户交流的有效性,获得更加全面的信息,也能够更加清楚地了解客户的状况、环境和需求,并且还可以帮助销售人员保持清晰的思路,提高与客户沟通的效率。

(二)满足客户需求

客户服务的核心是满足顾客的服务需求,客户是否满意是评价企业客户服务成败的唯一指标。只有客户满意才能引发客户对企业忠诚,才能长期留住客户。

1. 按层次满足客户需求

第一,对于基本信息需求,企业应在网站提供详细的产品和服务资料,利用网络信息量大、查询方便、不受时空限制的优势,满足客户的需求。

第二,客户在进一步研究产品和服务时,可能遇到问题需要在线帮助。选购产品时或购买产品后,客户还会遇到许多问题,需要企业帮助解决,这些问题主要包括产品的安装、调试、使用和故障排除等。

第三,对于难度更大或者网络营销站点未能提供答案的问题,客户希望能与企业人员直接接触,寻求更深入的服务,解决更复杂的问题。

第四,客户不仅仅需要了解产品和服务信息、需要在线帮助、进一步与企业人员接触,还有可能愿意积极参与到产品的设计、制造、配送、服务整个过程,追求更符合个性要求的产品和服务。

客户服务需求的四个层次之间相互促进,低层次的需求满足得越好,越能促进高层次的服务需求。顾客得到满足的层次越高,满意度就越高,与企业的关系就越密切。

2. **有效使用服务工具**

(1)FAQ(常见问题解答)

FAQ(常见问题解答),企业可以在其网站中以客户的角度设置问题、提供答案,形成完整的知识库。同时还应提供检索功能,使顾客能够按照关键字快速查找所需内容。

(2)网络社区

网络社区包括论坛、讨论组等形式,客户可以自由发表对产品的评论,与使用该产品的其他客户交流产品的使用和维护方法。构建网上社区,不但可以让现有客户自由参与讨论,同时还可以吸引更多潜在客户。

(3)电子邮件

电子邮件是成本最低的沟通方式,通过客户登记注册,企业可以建立电子邮件列表,定期向客户发布企业最新信息,加强与客户的联系。

(4)在线表单

在线表单是网站事先设计好的调查表格,通过在线表单企业可以调查客户需求,征求客户意见。

(5)网上客户服务中心

在企业营销站点开设客户服务中心栏目,可详细介绍企业服务理念、组织机构。通过客户登记、服务热线、产品咨询、在线报修等,为客户提供系统、全面的服务。

(三)客户投诉处理

当客户购买或使用产品和服务的时候,对产品本身和企业服务都抱有良好的期望,当期望和要求都得不到满足的时候,就会令客户心理失去平衡,由此产生的抱怨和不满行为就是客户投诉。

客户投诉处理可分为四个阶段:接受投诉阶段、解释澄清阶段、提出解决方案阶段、回访阶段。

1. 接受投诉阶段

要求做到认真倾听，保持冷静，同情、理解并安慰客户；给予客户足够的重视和关注；明确告诉客户等待时间，一定在时限内将处理结果反馈给客户。

2. 解释澄清阶段

要求做到不与客户争辩或一味寻找借口；不要给客户有受轻视冷漠或不耐烦的感觉；换位思考，从客户的角度出发，做合理的解释或澄清；不要推卸责任，不得在客户面前评论公司、其他部门、同事的不足；如果确实是公司原因，必须诚恳道歉，注意管理客户的期望，同时提出解决问题的办法。

3. 提出解决方案阶段

要求做到可按投诉类别和情况提出相应解决问题的具体措施；向客户说明解决问题所需要的时间及其原因，如果客户不认可或拒绝接受解决方案，坦诚地向客户表示公司的规定；及时将需要处理的投诉记录传递给相关部门处理。

4. 回访阶段

要求做到根据处理时限的要求，注意跟进投诉处理的进程；及时将处理结果向投诉的客户反馈；关心并询问客户对处理结果的满意程度。

二、跨境电商客服内容

（一）售前客服

售前客服是指在订单成交前，以商品销售为中心，为买家提高产品销售的相关咨询，包括购物流程、产品介绍以及支付方式等。内容包括指导买家选购商品，推荐同类或关联产品，完成支付。售前客服关系到店铺成交转化率和买家的购物体验。

在售前客服过程中，买家咨询较多的问题涵盖产品、支付、物流、费用等。

第一，与产品相关的问题：产品的功能和兼容性，相关细节明细，包裹内件详情。

第二，与支付相关的问题：关于支付方式和付款时间等问题的咨询。

第三，与物流相关的问题：关于运抵地区、发货时间、物流种类等问题的咨询。

第四，与费用相关的问题：关于运费合并、进口关税、优惠条件等问题的咨询。

（二）售后客服

售后客服是指在交易达成后，为客户提供订单查询跟踪、包裹预期到货时间咨询以及产品售后服务等咨询。售后客服关系到产品类目的完善、产品质量的提高，关系到客户体验和重复购买率，如果是使用平台的，还关系到退货率、纠纷率乃至账号的安全。

在售后客服过程中，主要问题集中在货物未及时收到、实际收到货物与描述不符合等。

1. 货物未及时收到

货物未及时收到的原因很多，包括物流公司因素、下单漏单、仓库漏发、货运丢失、客人地址不对、相关信息缺失、海关清关延迟、特殊原因（如极端天气等）

2. 实际货物与描述不符合

导致货物与描述不符合的主要原因包括货品贴错标签、入错库、配错货、发错地址、下单错误等。还有产品质量因素，如参数不对、色差、尺寸有出入，其他的如货运过程中造成的损坏、与客人预期不符也会导致货物与描述不符。

（三）主动售后咨询

客户服务人员除了及时为客户提供售前、售后的咨询，有时还要主动将一些重要的信息告知客户。

第一，告知客户付款状态，确认订单及订单处理的相关信息。

第二，分阶段告知客户货物的物流状态信息。

第三，如遇到不可抗力因素导致包裹延误、物流滞后等应及时通知客户。

第四，有问题的产品同类订单应主动沟通、说明情况。

第五，公司推出的新产品、热卖产品应及时推荐给客户。

第六，店铺的营销活动应及时通知客户。

项目三　跨境电商客服工作素养

跨境电商客服岗位非常重要，一个工作素养高的客服团队能有效地减少纠纷、提高客户体验、拉动二次消费、降低店铺风险、提升利润并有效扩大品牌影响力。因此在很大程度上，跨境电商客服人员的素养是一个跨境电商企业能够成功的基石之一。

一、跨境电商客服应具备的素养

（一）热情耐心的工作态度

热情，是一种工作态度。其不仅体现在对工作的热忱上，更重要的是还要体现出对客户的热情，这样才能感染对方。耐心是客服工作中的基础，很多细小而繁杂的问题要仔细地分析与解答，不能表现出“不耐烦”。

（二）丰富的专业知识和平台业务操作技能

作为跨境客户服务人员，在工作中常会面对来自客户时产品、物流、售后等各方面的询问。这就需要客服人员对自己所经营的产品要有足够的专业度，这不仅仅针对产品的本身，还要包括使用方法、技巧、注意事项等。此外，客服人员还必须了解平台规则，对于跨境电商整个流程，特别是国际物流的查询与解答也要相对专业，这样才能做好客服工作。同时，客服人员还要思路开阔，当遇到一个突如其来的问题时，要善于综合分析并判断，做出正确的结论。

（三）良好的语言沟通能力

跨境电子商务平台面向全球客户，虽然英语是最常使用的语言，但却不是唯一的语言。对于跨境客服人员来讲，熟悉当地语言和对客户的官方语言的掌握熟练程度将直接影响到客服的效果。在跨境电商中，语言就是工具，没有熟练的语言，客服就无从谈起。如果能熟悉客户语言，用客户熟悉的语言进行沟通，不仅会让客户能够准确地理解你要表达的意思，而且会让客户产生亲近感，这对纠纷的解决会起着意想不到的效果。

（四）熟练运用网络信息技术和通信软件的能力

客户服务人员只有善于运用计算机和相关通信软件，才能进行及时、有效的沟通交流，有了良好的沟通交流，才可以提升店铺的形象，让客户享受到优质的服务。现阶段已经有很多 ERP（企业资源计划）都能提供智能客服功能，掌握这类软件的使用，建立客服常见回复，提高邮件处理的效率，这对提高客服的效率和服务水平至关重要。

（五）具备一定的协调沟通能力

跨境电子商务中的工作流程长，工序多，客服工作贯穿售前、售中、售后整个过程。有的时候一些客户问题的解决需要其他部门的配合和协调才能得以解决。因此客服人员要具备一定的跨部门沟通协调能力。同时当平台和店铺之间出现问题的时候，客服工作人员也要善于与平台客服进行沟通协调。

模块二　跨境客户的开发

学习目标

知识目标：

1. 能够了解企业进入国际市场的基本形式
2. 能够掌握跨境客户开发的主要途径与方法

能力目标：

1. 能够熟悉利用网络工具开发跨境客户
2. 能够利用网络工具为特定企业与产品进行推广

项目一　跨境电商的市场调研

跨境客户开发是指企业通过分析产品或服务的市场形势，制定企业经营目标，针对跨境目标市场的需求展开有效的营销活动，将目标客户的购买欲望和能力转化为购买行为，引导客户成为企业现实客户的过程。对跨境目标市场进行市场调研是非常重要的环节。

市场调研是指企业运用科学方法，有目的地、系统地收集、记录一切与特定市场有关的信息，并对所收集的信息进行整理分析，从而把握目标市场的变化规律，为企业营销决策提供可靠的依据的活动。

由于主体、客体、范围、时间、功能等方面所存在区别，市场调研可分为专题性市场调研和综合性市场调研。

专题性的市场调研是指市场调研主体为解决某个具体问题而进行的对市场

中某个方面进行的调研。这种调研具有组织实施灵活方便、所需人力和物力有限、对调研人员的要求相对低的优点。但是,它也存在局限性,即调研主体无法仅凭此对市场进行全面了解。在许多情况下,只要所提供的信息能保证满足决策所需,专题调研就是合理的选择。事实上,大多数市场调研是专题调研。

综合性市场调研是指调研主体为全面了解市场的状况而对市场的各个方面进行的全面调研。相对于专题调研而言,综合调研提供的信息能全面地反映市场全貌,有助于调研主体正确了解和把握市场的基本状况。但是,由于这种调研涉及面广,组织实施比较困难,不但需要投入相当多的人力和物力,费时费钱,对调研人员的要求也相对较高。一般而言,这种调研在实践中比较少。

此外,对市场调研还可以从其他角度进行分类。例如,按调研的对象,可以分为消费者调研、生产者调研、消费者及其购买行为调研、广告调研、形象调研、产品调研、价格调研、分销渠道调研,等等;按调研的时间,可以分为一次性、突击性的市场调研和连续性、经常性的市场调研等。市场调研的种类不同,其调研的特征、内容、要求、方法等都有区别。

市场调研的内容很广,不同企业所从事的调研活动的侧重点也会有很大不同。一般来说,市场调研的内容大致包括以下几个方面:市场需求调研、产品调研、价格调研、促销调研、分销渠道调研和营销环境调研。

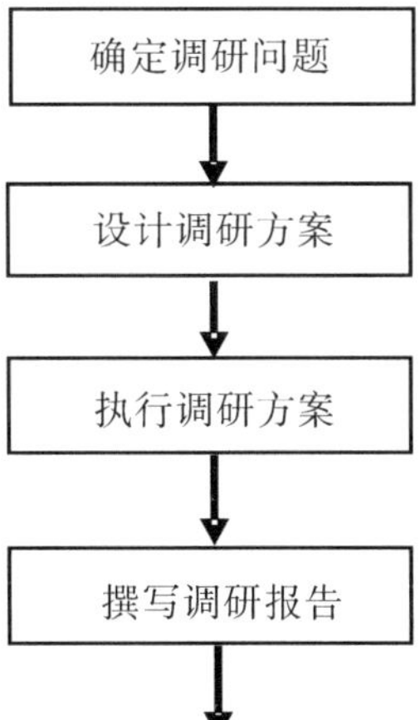

图 2－1－1　市场调研流程

一、确定调研问题

确定调研问题是一项重要而又细致的工作，涉及不同方面的内容。其一般的工作程序如图 2－1－2 所示。

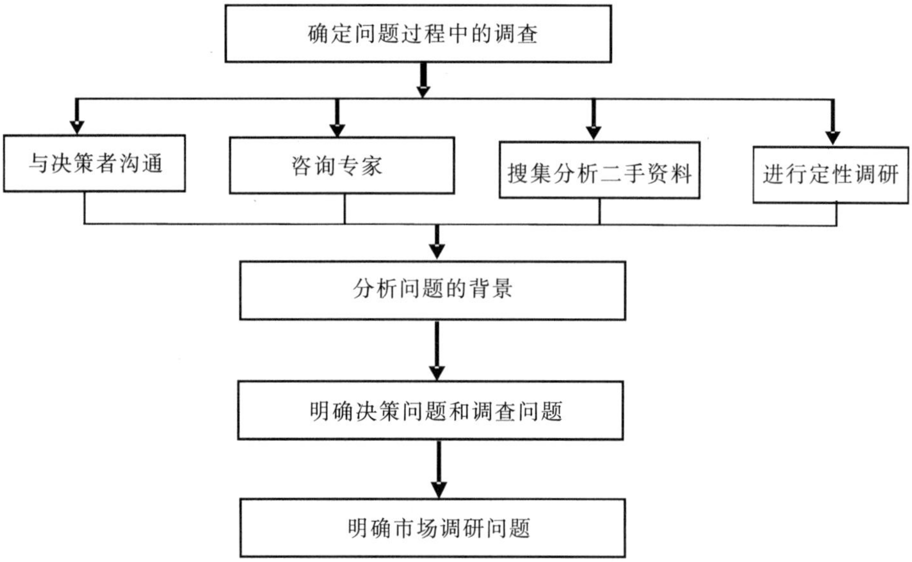

图 2－1－2　确定调研问题的步骤

（一）调查

为了更科学、准确地确定市场调研问题，先期的调研或交流工作是必不可少的。这包括与决策者交流，咨询专家，搜集分析二手资料以及进行定性调研。

1. 与决策者沟通

首先，要让决策者明白市场调研的优势与局限。市场调研能够提供营销决策所需要的信息，但不能提供解决问题的方案。方案需决策者根据调研报告上所提出的建议，自己做出判断才能形成。其次，要明确决策者所希望得到的调研信息。

2. 咨询专家

调研人员要预先拟定提纲，拜访相关行业专家，以便了解更多的行业知识。

与专家的沟通不能局限于少数几个，避免其见解和意见的片面性。专家可以来自企业内部，也可以来自企业外部。

3. **搜集分析二手资料**

间接资料是调研人员获取背景信息的有效途径，不仅方便快捷，而且经济实惠。调研人员不宜在充分分析二手资料之前开始搜集一手资料，否则，很容易造成不必要的浪费。

4. **进行定性调研**

定性调研往往是非结构性化的、探索性的，其目的是能明确调研的方向。由于定量调研无法解决许多层次的问题，所以，定性调研越来越受调研人员的重视。

通过上述几项工作，调研人员便会对调研目标有一个明确的认识和把握。这有利于下一步调研工作的进行。

（二）分析问题的背景

任何问题或机会的产生和出现都有一定的背景。了解这些背景有助于对问题和机会进行认识和把握。这些背景资料包括与企业和所属行业相关的各种历史资料和发展趋势（如销售量、市场份额、利润状况、技术水平、人口统计等）；分析决策者的目标并善于把概括性的目标分解，使团体目标具体化；分析企业的各种资源，如资金、研究能力和面临的制约条件等；了解消费者的购买行为、整个经济环境和文化背景以及进行市场调研所具备的技术条件等。

3. **明确决策问题和调查问题**

经过上述一系列步骤，市场调研人员应该对经营管理的决策问题有了比较清楚的了解和范围比较明确的界定，在此基础上，需要将经营管理的决策问题转化为市场调查问题。经营管理决策问题要回答决策者怎么做、市场调查问题需要什么信息以及怎样以最好的方式获得这些信息。

二、设计调研方案

调研方案是指导调研工作顺利进行的详细方案，主要包括确定调研目的和内容、研究调研对象、确定资料来源、确定资料的收集方法、设计调研工具、确定经费预算及安排调研进度等。

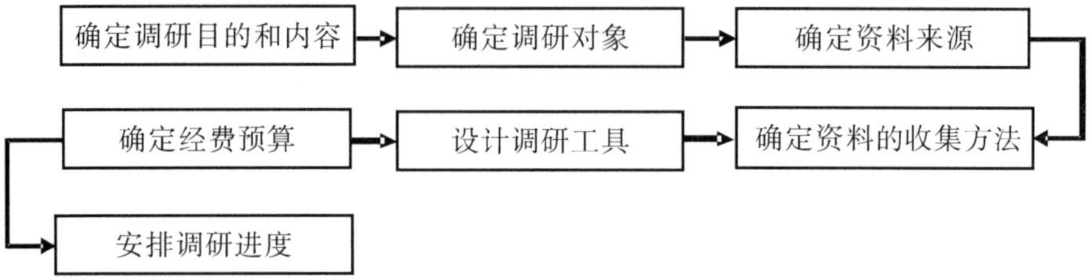

图 2－1－3　设计调研方案的程序

(一)确定调研目的和内容

调研目的的确定,就是明确在市场调研过程中要解决哪些问题,通过调查要取得什么样的资料,取得这些资料有什么用途等。衡量一个调研方案是否科学,主要就是看方案的设计是否符合调研目的的要求,是否符合客观实际。在确定了调研目的的基础上才能确定调研的内容,否则就会列入一些无关紧要的调研项目,而漏掉一些重要的调研项目,无法满足调研的要求。调研项目是指向调研单位所要调查的主要内容,确定调研项目就是要明确向被调查者了解哪些问题,这就是问卷设计的前期工作。

(二)确定调研对象

调研对象也叫调查范围,是统计指标所反映的对象。在开展调研活动时,可以对调研对象进行普查,也可以采用抽样调查的方法。

1. 普查法

所谓普查法是指对调查研究对象总体中每一个体进行市场调研,在现实的信息市场调研中并不经常用普查法,因为普查法的调研对象可能包括成千上万的调研单位,而且进行大规模的普查将耗费巨额的资金和大量的时间。

2. 抽样调查

抽样调查是一种常用的确定调研对象的方法。事实证明,一个相对较小但精心选择的样本能准确地反映出总体的特征，而且大大降低了调研成本。进行抽样调查涉及对抽样方法的选择，抽样方法大体上可分为随机抽样法和非随机抽样法两大类，如图 2－1－4 所示。

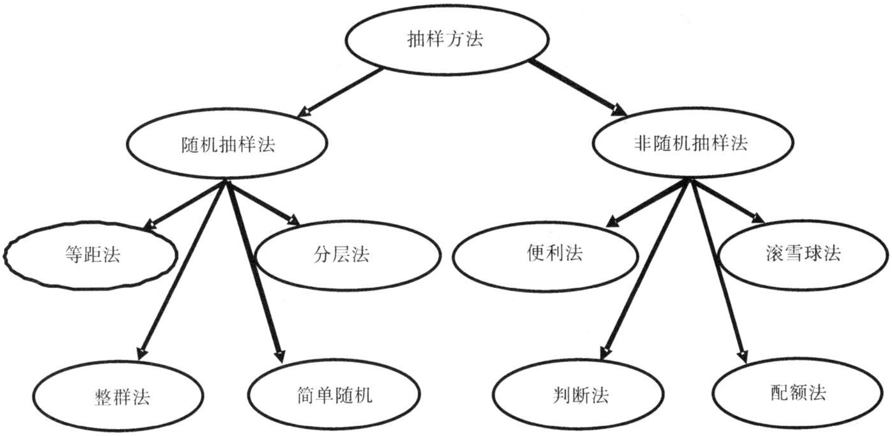

图 2－1－4　抽样方法

（三）确定资料来源

营销调研所搜集的资料可分为第二手资料和第一手资料两种。第二手资料是已存在的、为某种目的而搜集起来的信息。第一手资料是为特定的调研目标而专门搜集的信息。一般而言，企业进行的大部分营销调研都可以部分地运用第二手资料来满足对信息的需要，因此，调研人员通常从搜集第二手资料开始他们的调研工作。如果利用第二手资料便使调研的问题得到全部解决，就可以不再进一步去搜集第一手资料，当第二手资料不能满足解决问题的需要时，就必须通过搜集第一手资料来满足对信息的需求。

（四）确定资料的收集方法

当企业决定搜集第一手资料时，可供采用的方法主要有访问法、观察法和实验法等。

1. 访问法

访问法是指通过询问的方式向被调研者了解市场资料的一种调研方法。常用的访问法有:人员访问法、电话访问法、邮寄访问法以及留置问卷法。

2. **观察法**

观察法,是通过观察被调查者的活动取得市场资料的一种调研方法。在决定运用观察法进行调研后,要根据调研的目标和要求选择一种合适的观察方式。按照不同的标准,观察法通常有实验观察和非实验观察、结构观察和无结构观察、直接观察和间接观察、公开观察和非公开观察及人工观察和仪器观察。

3. **实验法**

实验法是将所要调查和解决的问题置于一定的市场条件之下,进行小规模试验,搜集市场资料,测定其整体实施效果的一种方法。在市场营销活动中,实验法主要有:试用法、试销法及展销法。

(五)设计调研工具

调研人员在搜集第一手资料时,主要使用的调研工具是问卷。问卷的质量对市场调研的效果有很大的影响。

一份完整的调研问卷通常包括:问卷的标题、问卷说明、被调查者基本情况、调研主题内容、编码和作业证明的记载。

小 技 巧

市场调研问卷的询问技术

1. 问题的主要类型及询问方式

市场调研问卷的问题根据不同的标准可以分为以下三大类:第一,直接性问题、间接性问题和假设性问题;第二,开放性问题和封闭性问题;第三,事实性问题、行为性问题、动机性问题、态度性问题。

在实际调查中,几种类型的问题往往是结合使用的。在同一个问卷中,既有开放性问题,也有封闭性问题。甚至在同一个问题中,也可将开放性问题与封闭性问题结合起来,组成结构式问题。问卷设计者可以根据具体情况选择不同的提问方式。

2. 问卷的答案设计

在市场调研中,无论是何种类型的问题,都需要事先对问卷答案进行设计。在设计答案时,可以根据具体情况采用不同的设计形式,主要有:二项选择法、多项选择法、顺位法、回忆法、比较法、自由回答法及过滤法。

(六)确定经费预算

调研的经费预算是调研方案的重要内容,经费的多少与调研范围、调研规模(样本量大小)、调研方法、调研难易程度等密切相关。一个市场调研项目的经费预算,通常包括调研方案设计费、抽样费用两类,包括抽样方案设计、构造抽样框和样本的抽选、问卷设计费、问卷印刷装订费、调研实施费、预调查费、培训费、交通费、调研员和督导的劳务费、礼品费以及其他相关费用、数据审核费、编码费、录入费、数据统计分析费、调查报告撰写费、折旧耗材费。折旧费指固定资产折旧,包括房屋租用费、机器(计算机)及计算软件使用费等;耗材费指纸张、磁盘等各种耗材费用、项目办公费和其他费用。

(七)安排调研进度

调研期限是规定调研工作的开始时间和结束时间,包括从调研方案设计到提交调研报告的整个工作进度,也包括各个阶段的起始时间,其目的是使调研工作能及时开展、按时完成。为了提高信息资料的时效性,在可能的情况下,调研期限应尽可能缩短。

通常一个市场调研项目的进度安排大致要考虑总体方案论证、设计、抽样方案设计、问卷设计、预试、修改和定稿、调研人员的挑选与培训、实施、数据的整理、录入和分析、调研报告的撰写和有关鉴定等。

三、执行调研方案

执行调研方案主要包括搜集和分析数据等工作。严格按计划收集资料的工作既可以安排企业内部的调研人员去完成,也可以委托外部专业的营销调研机构去做。

在调研过程中,调研人员应对一些非定量的答案进行适当的估计和控制,尽可能地控制调研中的误差。搜集得来的资料必须进行有效的分析处理。未经分析处理的资料往往是零星的、分散的和片面的。有些来自不同国家、地区的资料,由于统计标准不同,其时效性、准确性及使用范围都不同。要解决这一问题就要对收集到的资料进行分析处理，以确保其可比性、合理性。对数据资料的分析处理一般要经过分类、编校、统计、推断和鉴定五个程序。

（一）数据采集

数据采集是按照调研设计的要求收集所需有关信息的过程。数据采集过程涉及选择、培训和管理调研人员，调研工作核实和调研人员评估也是这个过程中的重要部分。图2－1－5显示的是数据采集过程的一般流程，需要注意的是现场调查工作特点依据不同的数据收集模式而有所不同。而且电话调研、人员调研、邮寄调研和电子化调研各个步骤的相对重要性也有所区别。

图2－1－5　数据采集的一般流程

（二）数据分析

1. 数据的准备

数据的准备是把调研过程中采集到的数据转换为适合于汇总制表和数据分析的形式。通常，数据准备工作是一项较为费时费力的工作，但对调查数据的最终质量和统计分析却有很大的影响。准备的整个过程既可自动完成，也可以手工完成。

2. 数据的分析

数据分析主要是运用统计分析技术对采集到的原始数据进行运算处理，并由此对研究总体进行定量的描述与推断，以揭示事物内部的数量关系与变化规律。数据分析虽然在数据采集之后，但对调查数据如何进行分析的计划早在设计调研方案时就形成了。在进行调研方案的设计时，需要根据调研项目的性质、特点、所要达到的目标，预先设计好数据分析技术，制定好分析的计划。统计分析的技术方法有许多种，在市场调研中常用到的统计方法有：描述统计、参数统计、相关和回归分析、列联分析和多元统计分析。

表 2-1-1 消费者观念变化分析表

国别/地区：

1. 总括 (1)消费者观念变化关键点 (2)公司应对关键点 2. 消费者社会构成的变化(高龄化社会、年轻人社会、女权社会、小家庭化社会、个人社会) 3. 消费者生活观念的变化(重视个人生活、重视个性、重视自我) 4. 消费者生活价值观的变化(女性重视工作、文化水平提升、健康导向、休闲导向、美食主义) 5. 公司的应对及分析

四、撰写调研报告

市场调研报告是市场调研人员对某个问题进行深入细致调查后，经过认真分析研究写成的一种书面报告，它是市场调研工作的最终成果的主要表现形式。

一份好的调研报告应具有针对性、新颖性、时效性和准确性。

(一)市场调研报告的结构

市场调研报告一般是由标题、目录、概要、正文、结论及建议、附件六部分组成。

(二)市场调研报告的内容

第一,说明调研目的及所要解决的问题。

第二,介绍市场背景资料。如地理、气候条件、经济、文化及社会变化趋势,法律与政策等。

第三,分析的方法。如样本的抽取,资料的收集、整理、分析技术等。

第四,调研数据。

第五,提出论点。即摆出自己的观点和看法。

第六,论证所提观点的基本理由。

第七,提出解决问题可供选择的建议、方案和步骤。

第八,预测可能遇到的风险及对策。

表 2-1-2 市场调研报告表

________部经理: 本部门自____月____日开始的________市场调研,其结果报告如下;
内 容
对 象
状 况
动 向
统 计　　　　　　　图 解
阶段性或结论性成果

项目二　跨境电商的市场定位

一、市场定位

(一)市场定位过程

客户是企业的衣食父母,是企业的命脉,是企业永恒的宝藏,给企业带来了巨大的利益。市场竞争就是企业争夺客户的竞争。想要吸引客户、留住客户,首先就需要了解客户的特点。跨境客户来自全球不同的国家和地区,他们购买需求、购买心理、购买行为各异,因此进行有效的市场细分、完成目标市场的选择和市场地位,对市场开发十分重要。

市场细分是指企业按照消费者的欲望和需要及购买习惯和行为诸因素把整个市场细分为两个或两个以上的子市场,以确定目标市场的过程。市场细分是调查分析不同的消费者在需求、资源、地理位置、购买习惯和行为等方面的差别,然后将上述需求基本相同的消费者群分别收并为一类,形成整体市场中的若干“子市场”或“分市场”。不同的细分市场之间,需求差别比较明显,而在每一个细分市场的内部,需求差别则比较细微。

目标市场是企业为满足现实或潜在的消费需求而开拓的特定市场。目标市场与市场细分是两个既有区别又有联系的概念。市场细分是发现市场上未满足的需求,按不同的购买欲望和需求划分消费者群的过程。而确定目标市场则是企业根据自身条件和特点选择某一个或几个细分市场作为营销对象的过程。因此,市场细分是选择目标市场的前提和条件,而目标市场的选择则是市场细分化的目的和归宿。

市场定位是指描绘企业产品在顾客心目中的形象,使企业所提供的产品具有一定的特色,符合一定顾客需要的偏好,并与竞争者的产品有所区别的计划性活动。市场定位是一个多维的过程,其包括三个相互关联的层次:产品定位、品牌定位和企业定位。

1. 产品定位

产品定位是市场定位的第一步，是指将某个具体产品定位在消费者心中，让消费者一产生类似的需求，就会联想起这种产品。产品定位是其他所有定位的基础，这是因为，企业最终销售出去的是产品，只有产品在消费者头脑中形成鲜明的形象，才有可能在消费者头脑中树立起良好的品牌形象及企业想象。

产品定位的目的是让产品在消费者心目中留下深刻印象，产品可以是有形的物品，如汽车、可乐；也可以是无形的东西，如美容、音乐会；产品还可以是人员，如某歌星、影星等。因此，产品的各个要素多要与这一定位形象相符合。

一个产品应包括五个层次，即核心产品、形式产品、期望产品、附加产品及潜在产品。

2. 品牌定位

品牌定位必须以产品定位为基础，通过产品定位来实现。一旦品牌定位成功，品牌作为一种无形资产就会与产品脱离而单独显示其价值，品牌的价值甚至比产品本身的价值还高得多，它是产品销量的保证。品牌可以转卖，品牌可以授权，即使不是同一家企业生产的产品，只要冠以同一品牌，就在消费者心中拥有同样地位。

销售出去的产品往往与其品牌紧紧相连，顾客一旦认可了产品，实际上也就是认可了产品的品牌，因而很多人常常会把产品定位和品牌定位当成一回事。其实，两者是不同的。当一种知名品牌只代表某一特定产品时，产品定位与品牌定位没什么区别。

3. 企业定位

企业定位处于定位阶梯的最高层。企业必须先定位他们的产品和品牌，然后才能在公众中树立企业美好的形象。没有好的产品定位和品牌定位，企业的地位难以树立起来，但企业定位的内容要比前两者丰富得多。而作为定位的最后一步，一旦企业获得较高的地位，其他各种地位也就会相应地得到巩固，还会使企业获得长期效益。

一个企业良好的形象和较高的社会地位不仅应得到消费者认可，而且还应得到与企业有关的所有人员和机构认可，包括供应商、批发商、零售商、风险投资者（股东）、金融家、政府、新闻机构、报刊评论员、经济分析员、律师、产业界知名人士和有关专家教授等。

企业定位首先应有良好的产品定位和品牌定位，如果企业的产品技术不先进、质量不如人或品牌知名度不高，企业的地位就无从谈起。此外，企业定位还要考虑其产品范围是否与企业定位相符。市场定位的三个层次是一个整体的经营活动，不仅仅局限于广告宣传，它是制定企业市场营销整体策略的核心部分。市场定位就是一条无形的线，从上到下贯穿企业所有部门，企业各部门人员都必须服从市场定位策略，围绕它开展各项工作，为实现企业总目标而共同努力。

（二）市场定位方式

市场定位是一种竞争策略，它显示了一种产品或一家企业同类似的产品或企业之间的竞争关系。定位方式不同，竞争态势也不同。

1. 避强定位

避强定位是一种避开强有力的竞争者的产品定位方式。这种方式的优点在于能够迅速占领市场，并能在消费者或用户心目中迅速建立起产品和公司形象。由于这种定位方式市场竞争风险较小，成功率较高，常常为多数企业所采用。但空白的细分市场往往也是难度最大的细分市场。

2. 迎头定位

迎头定位是与在市场上占据支配地位的，亦即最强的竞争对手“对着干”的定位方式。虽然迎头定位具有一定的风险，但不少企业认为它是一种更能激励自己奋发上进的可行的定位尝试，一旦成功就会取得巨大的市场优势。

3. 重新定位

重新定位是指对销路少、市场反应差的产品进行二次定位或多次定位。企业在营销过程中可能会遇到产品定位不当的情况，或虽然过去企业的市场定位很成功，但随着营销环境、消费者需求的变化，或者新的强有力竞争对手的出现，使得原来的定位不再有效，这时，企业便需要考虑进行重新定位。一般来说，重新定位旨在摆脱困境，重新获得增长与活力。这种困境可能是企业决策失误或其他多种原因引起的，不过，也有重新定位并非因为已经陷入困境，相反，却是产品意外地扩大了销售范围引起的。例如，专为儿童生产的某种饮料受到了广大青少年消费者的喜爱，那么，该产品就需要重新定位。

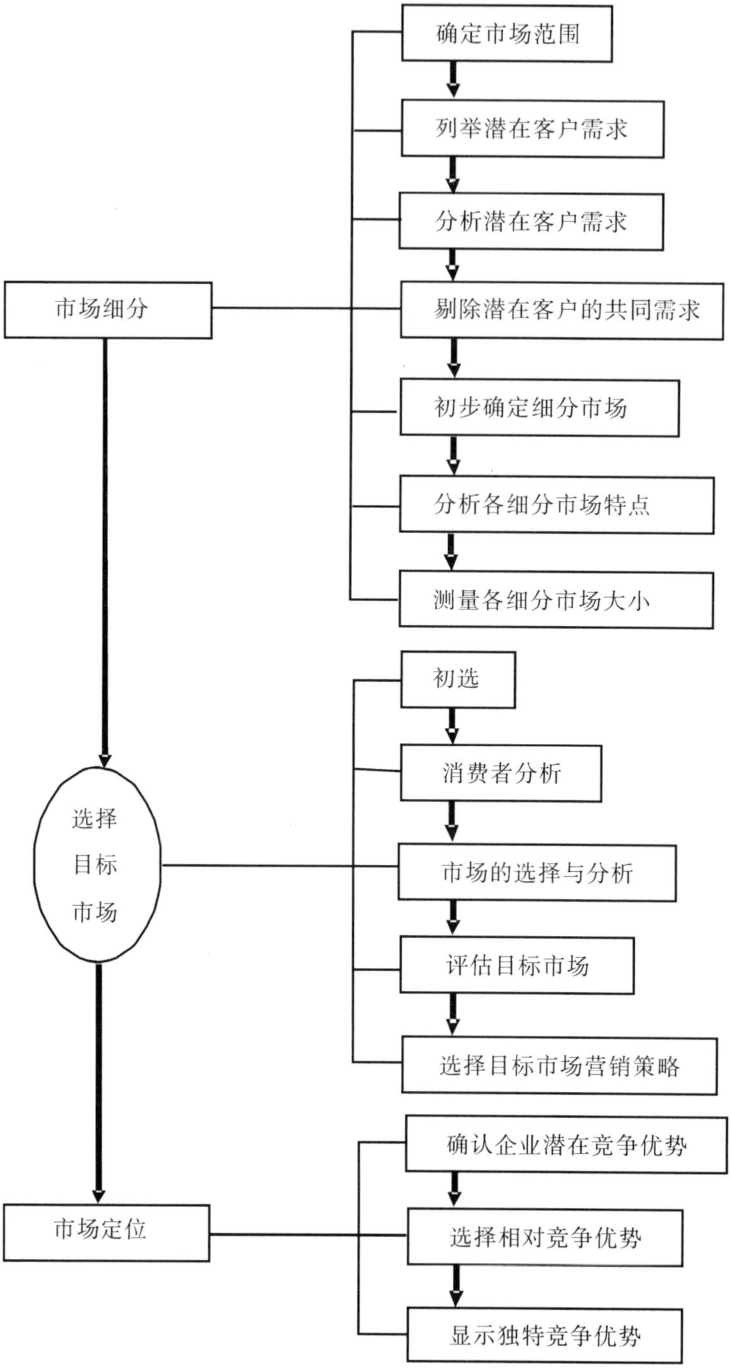

图 2-2-1　市场定位流程图

二、市场细分阶段

市场细分必须满足可衡量性、可进入性、可盈利性和稳定性。为了确保市场细分的有效性，企业的市场营销人员应该了解和掌握市场细分的程序。

（一）市场细分步骤

1. 确定市场范围

任何一个企业都有其自身的任务和目标，并以此作为企业制定生产经营和市场开拓战略的依据。一旦进入一个行业，便要考虑可能产品的市场范围的选择问题。产品市场范围的确定是以市场的需求为标准，一旦市场需求发生了变化，整个产品的市场范围也要做相应的调整。

2. 列举潜在顾客的基本要求

产品的市场范围确定后，企业的市场营销人员可以将市场范围内的潜在顾客分为若干个专题小组，了解他们的动机、态度、行为等，从而比较全面地列出影响产品市场需求和顾客购买行为的各项因素，作为以后进行深入分析研究的基本资料和依据。

3. 分析潜在顾客的不同要求

顾客的不同需求是细分市场的基础。因此，企业在列举潜在顾客的基本需求后，企业可向不同的顾客进行抽样调查来进一步搜集有关信息，并用因素分析法对资料进行分析，确定出相关性很大的因素，然后用聚类分析法划分出差异最大的细分市场。再根据潜在顾客不同的状态、行为、人口变数、心理变数和一般消费习惯等进一步细分。

4. 剔除潜在顾客的共同需求

潜在顾客的共同需求，是企业无论选择哪些细分市场作为目标市场时都必须使之得到满足的，它是企业产品决策部分的重要依据，但它不能作为细分市场的依据，只能作为企业制定市场营销组合策略的参考。所以，在进行市场细分时要剔除潜在顾客的共同需求。

5. 初步确定细分市场

对细分市场的初步确定是指为细分市场暂时命名，即在分析了潜在顾客的不同需求，进行了市场细分并剔除各细分市场上潜在顾客的共同需求后，各细分市场上剩下的需求，为了便于对各细分市场的特点进一步分析，可根据各细分市场上顾客的特点暂时为各细分市场确定一个名字。

6. 分析各细分市场的特点

上述工作完成后，企业还需进一步对各细分市场顾客的需求及其行为特点进行深入的分析与考察，确定已掌握了各细分市场的哪些特点，还需要对哪些特点进一步分析研究，从而决定是否需要再分或重新合并。这一步是对以上几步的重新认识和必要的调整，以形成细分市场的雏形。

7. 测量各细分市场大小

细分出来的市场必须大到足以使企业实现它的利润目标，这时细分市场对企业来说才是有用的。因此，还要将经过以上步骤划分出的各细分市场与人口变数结合起来加以分析，测量出每个细节市场上潜在顾客的数量他们的购买力和产品的使用频率，从而掌握各细分市场的市场潜量。

（二）市场细分常用方法

1. 单一因素细分法

单一因素细分法是指从影响消费者需求的多种因素中选一种主要因素作为标准进行市场细分。例如儿童玩具市场主要以年龄这一主要因素为标志进行市场细分，文具用品市场主要以人们的文化程度这一主要因素为标志进行市场细分。

由于市场细分的标准不同，单一因素细分法又可分为：地理因素细分法、人口因素细分法、心理因素细分法和行为因素细分法。

表 2－2－1　单一因素细分法的常用方法

细分方法	主要参考要素
地理因素细分法	地理位置、城市规模、人口密度、气候条件
人口因素细分法	性别、年龄、家庭、收入、文化、种族、宗教
心理因素细分法	社会阶层、生活方式、个性
行为因素细分法	消费者购买时机、消费者使用状况、消费者使用率、消费者忠诚度

2. 综合因素细分法

所谓综合因素细分法,就是以影响消费者需求的两个或两个以上的因素为标准进行市场细分。有些产品的市场细分因素的作用和地位是并列的,在这种情况下,就要采用综合变数细分法。

例如,影响服装市场需求的有性别、年龄阶段和经济收入三个因素,这三个因素对于服装市场需求的作用是并列的,没有主次之分,在这种情况下,就应该运用综合因素分析法进行市场细分。依据这三个因素细分服装市场,便可以得到许多个可供比较的子市场。

3. 系列因素细分法

系列因素细分法是指根据企业生产经营的需要,以影响消费者需求的层次为标准,由粗到细进行市场细分。

三、选择目标市场

目标市场是企业整个营销策划围绕的中心,企业以此展开营销活动,以达到自身的营销目的。在细分市场的基础上,企业可以选择一个或几个细分市场作为自己的目标市场。企业在选择目标市场时要掌握以下基本要求,即成本最小、能力匹配和风险最低。

在一般情况下,企业应确定产品成本较低的细分市场为目标市场。这一成本估算不仅包括生产成本,还应包括各种营销活动带来的支出成本。企业确定目标市场,必须考虑本企业的人力、财力以及技术力量和经营管理水平是否与欲开发的目标市场的需求潜能相匹配,企业有无实力满足或逐步满足消费者的需求。企业进入一个目标市场,必定存在风险。这种风险主要来自客观因素的不相符,导致原有策划方案无法实施,或实施了达不到预定目标。

企业选择的目标市场,应该能够给企业带来可观的经济效益。这一市场应有足够的销售数量,如果只有消费欲望而不能形成实际的购买力,那么这一细分市场不应被选为目标市场。即使经过评估确实有经济效益的细分市场,企业也应对各个细分市场进行比较评估,以收益最大化为原则来确定经济效益最好的细分市场为目标市场。

(一)选定目标市场的过程

1. 初选

企业在选择目标市场时,可以采用排除法进行初选。但是,初步筛选要力求避免两个错误。一是忽视为企业主要产品提供良好前景的市场,漏掉巨大的市场机会;另一个是在前景不好的市场花费太多的调研时间。初选工作必须做到全面、经济、快捷,所需数据资料尽可能地从大量公开发行的资料中取得。

2. 消费者分析

在进行初步筛选之前,经营者应该首先建立起针对消费者或用户的主要候选产品的消费形象,该形象包含着个人或集团性的,现有或潜在的消费者所需要的产品特性。

3. 需求量估计

估算市场需求有很多方法,大致有比较各地消费水平现状的横向分析法及比较各地消费水平变化的动态分析法、具体分析消费需求决定因素的要素分析法。分析的目标是那些总体来说“供不应求”的市场。对市场容量的估计,应尽可能采用已有的统计资料,确定预期的目标市场。对市场容量的估计分为直接估计和间接估计。

4. 市场的选择与确定

目标市场初选的结果可能有三种:

第一种情况,按企业目前的情形,没有合适的细分市场。这时还应进一步查清原因,找出问题关键,然后对症下药,等条件改善了再考虑如何进入。

第二种情况,仅有一个细分市场是潜在的市场,此时需要进一步详细分析,以便下决心。

第三种情况,有多个细分市场具有进入可能性,这就更需要进一步调查研究,进行比较,以便做出更合适的判断。

以上情况中前两种比较简单,重点应放在第三种情况上。因为是初步的选择,故范围应尽可能广泛,只有当某个国家或地区的市场确实不具备进入的可能性时才能放弃,以避免错过大好机会。对初选的目标市场,还应该进行更深入的调查,明确每个可能的目标市场的容量和本企业在这个市场上的销售前景,以便做出正确的决策。

在初步筛选过程中采取的取舍决策原则为:如果若干个细分市场的市场容量大于某特定的临界值,那么,这些细分市场就可作为初步的目标细分市场。其数字表达式为:Sij > d,即产品 j 在细分市场 i 内的市场容量大于某特定的临界值(d),这时 i 市场就是选取的细分市场。

5. 评估细分市场

经过初步筛选后的市场数目已经较少,对这些市场,要进行更精确的评估。在评价不同的细分市场时,一家企业必须分析以下三个因素:细分市场的规模和发展;细分市场结构的吸引力;细分企业的经营目标与资源。

6. 选择目标市场的营销策略

由于企业生产能力、方式、财力以及经营方式等方面存在着一定的差异,因此,目标市场的营销策略也就不一样。归纳起来,有三种不同的目标市场策略可供企业选择:无差异营销,差异性营销,集中性营销。

(二)选择目标市场常用方法

企业在选择目标市场时,可采用的方法主要有以下五种:

1. 集中选择法

集中选择是指企业集中企业的全部资源专攻某一细分市场。最简单的办法莫过于只选一个细分市场,即以一种产品满足一个市场的需要,以一个细分市场为其目标市场。通过这种方式,企业能够在一个适度规模的市场中占有很高的市场份额,从而取得强有力的竞争地位,在对市场的需求特点的了解上,在良好信誉的建立上都占有相当优势。

2. 多重选择法

多重选择是企业选择多个细分市场作为自己的目标市场。这些市场都具有吸引力,适应企业的要求和资源状况。这些细分市场之间很少或根本不发生大的联系，但都可以为企业创造利润。这样选择的目标市场比选择单一目标市场的风险要小一些。

3. 专门产品选择法

专门产品选择法是指企业只生产和销售能够满足各类客户需要的某一类产品。企业选择同一种产品的若干个细分市场作为目标市场。使用这种方法，企业可以在一种产品领域建立良好声誉。

4. 专门市场选择法

专门市场选择法是指企业集中力量生产销售供某类客户需要的各种产品。即企业选择一类细分市场，经营多种这个市场需要的产品。

5. 全面选择法

一些较大的企业选择一个大市场为目标市场，生产多种产品或一种产品满足该市场上所有消费者的需要。全面选择法对企业实力有很高的要求。

四、市场定位阶段

（一）市场定位步骤

企业市场定位的全过程可以通过以下三大步骤来完成：即确认企业潜在的竞争优势、准确地选择相对竞争优势和明确展现独特竞争优势。如图2－2－2所示。

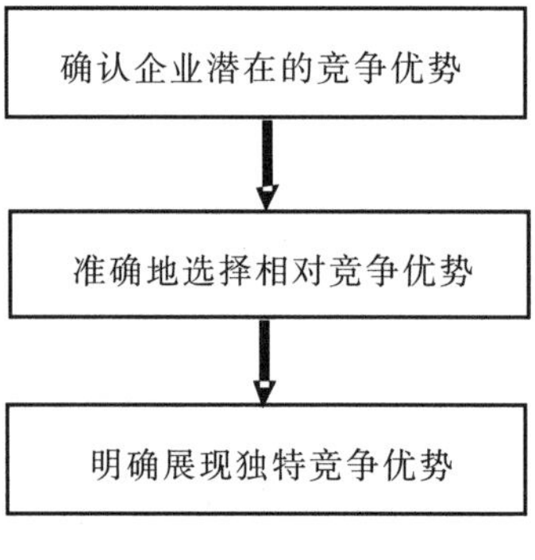

图2－2－2　市场定位步骤

1. 确认企业潜在的竞争优势

在确认本企业潜在竞争优势时,企业所要做的关键工作便是明确以下三大问题:一是竞争对手的产品定位如何;二是目标市场上足够数量的顾客欲望得到满足程度如何以及确实还需要什么;三是针对竞争者的市场定位和潜在客户的真正需要的利益要求,企业应该和能够做什么。具体明确了上述三个问题,企业就可从中把握和确定自己的潜在竞争优势。要明确上述问题,企业市场营销人员便要对企业市场调研人员通过一切调研手段所搜索到的与上述问题有关的资料以及上交的调研报告进行认真、详细的分析与研究。

2. 准确地选择相对竞争优势

相对竞争优势是指企业能够胜过竞争者的现有的或潜在的能力。准确地选择相对竞争优势就是将一个企业各方面实力与竞争者的实力相比较的过程。比较的指标应是一个完整的体系,只有这样,才能准确地选择相对竞争优势。通常准确地选择相对竞争优势的方法是分析、比较企业与竞争者在下列六个方面究竟哪些是强项,哪些是弱项:

表 2－2－2　相对竞争优势指标

项目	指标
经营管理	领导能力、决策水平、计划能力、组织能力、个人应变能力
采购	采购方法、储存及运输系统、供应商合作程度、采购人员能力
生产	生产能力、技术装备、生产过程控制、职工素质
市场营销	销售能力、分销网络、市场研究、服务与销售战略、广告资金来源等是否充足、市场营销人员的能力
财务	长期资金和短期资金的来源及资金成本、支付能力、现金流量、财务制度与人员素质
产品	可利用的特色、价格、质量、支付条件、包装、服务、市场占有率、信誉

企业通过对上述指标体系中每一个指标进行全面的、认真的分析比较,便可以选出相对本企业来说最合适的优势项目。

3. 明确展现独特竞争优势

企业在这一步骤中的主要任务是通过一系列的宣传促销活动，使其独特的竞争优势准确地展现给潜在顾客，并在顾客心目中留下深刻印象。企业要顺利地完成这一任务，必须要做好三方面的工作。首先，应使目标顾客了解、知道、熟悉、认同、喜欢和偏爱本企业的市场定位，在顾客心目中建立与该定位相一致的形象；其次，企业应通过一切努力来强化目标顾客形象，保持对目标客户的了解，稳定目标客户的态度，加深与目标客户的感情，以巩固与市场相一致的形象；最后，企业应注意目标顾客对其市场定位理解出现的偏差或由于企业市场定位宣传上的失误而造成的目标客户认识上的模糊、混乱和误会，及时矫正与市场定位不一致的形象。

（二）市场定位方法

1. 质量优势定位

产品的具体质量特性中往往具有一些共同的特性，即性能、寿命、经济性、安全性、可靠性、外观等。一般来说，质量定位较适合用于质量差别较大的产品。企业要以质量优势来定位产品，必须清楚了解目标顾客的需求以及他们是怎样评价产品质量的。

2. 情感定位

在各种定位要素中融入某种让人心动的人情味，是情感定位的关键，企业在采用情感定位法时，必须讲究一定的技巧，应从消费者最需要、最关心的情感出发，以免产生相反的效果。

3. 服务优势定位

服务因素在市场竞争中已取代了产品品质与价格而成为新竞争的焦点。这时服务项目的多少或服务水平的高低便成了企业取得竞争优势的关键。

4. 功能优势定位

产品的功能从心理与行为的角度可以分为两大类，一类是产品的基本功能，这类功能取决于产品本身的物理化学性质；另一类则是产品的心理功能，即产品唤起消费者高层需求或满足消费者高层次需求的功能。

项目三　跨境电商的市场拓展策略

客户直接关系着企业的生存和发展，是企业收益的主要来源，所以对企业而言，寻找客户是非常重要的工作，必须十分重视。寻找客户是指市场人员找出潜在客户的过程。潜在客户是对企业产品或服务有需求或购买欲望的个人或机构。

一、寻找潜在的海外客户

寻找潜在客户是市场开发循环的第一步，在确定目标市场区域后，就需要找到潜在客户并同其取得联系。事实上市场人员的大部分时间和主要精力都用在寻找那些有可能购买产品的潜在客户。

（一）潜在客户的含义

所谓潜在客户，就是指对市场人员所在公司的产品或服务确实存在需求并具有购买能力的任何个人或组织。如果某个个人或组织存在对某种产品或服务的可能需求，但这种可能性又尚未被证实，那么这种有可能购买某种产品或服务的客户就称为“可能的潜在客户或准客户”。这种“可能的潜在客户或准客户”被证实确实有需求，就成为“潜在客户”。经销售人员按照某种要求评估合格的“潜在客户”就成了实际销售的对象，即目标客户。

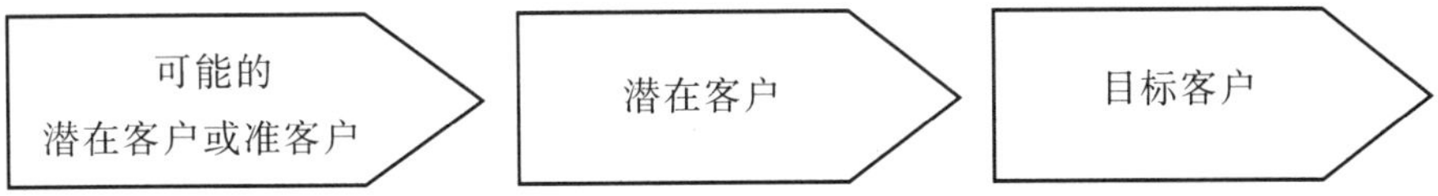

图 2-3-1　潜在客户

实践表明，开发任何一个新客户的成本都远远高于维持一个老客户的费用。因此，任何市场人员的目标都是期望维持长期稳定的现实客户。要长期维持稳定的现实客户，营销人员就必须在通过努力将目标客户转变为现实客户之后，继续不断地对现实客户提供更多更具有吸引力的措施,使现实客户成为不断地重复购买的客户,即成为满意客户。

潜在客户数量的多少以及潜在客户的质量,诸如支付能力、决策能力以及购买欲望等往往意味着销售业绩的高低。市场人员寻找潜在客户应该是一个持续的过程,而不应该把它当成做一项没有客户时才做的工作。众所周知,没有足够的客户资源,企业的生存与发展就无从谈起。任何市场人员都应该明白,在寻找潜在客户方面所做的努力越大,销售成绩将越好。

(二)潜在客户的主要来源

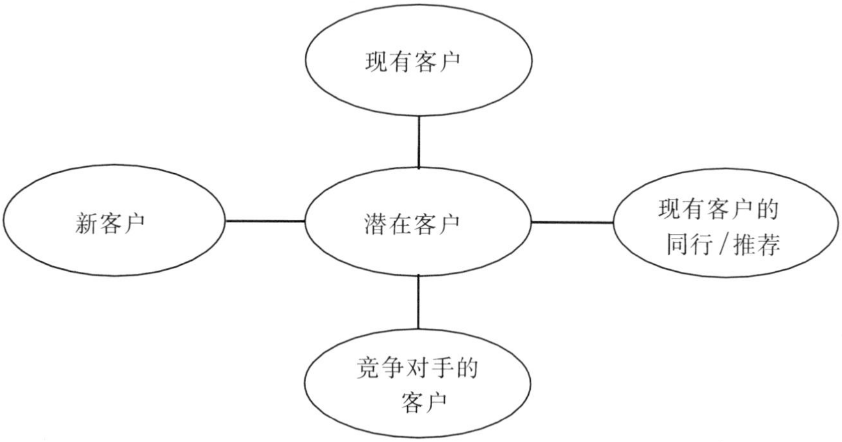

图2-3-2　潜在客户的主要来源

1. 现有客户

公司当前的客户是最好的潜在客户来源。在市场竞争激烈的今天,市场开发工作尤为重要,这就要求市场部门以外的其他部门也应抓住机会向客户进行销售。市场人员可以从这些部门获得客户目录清单以及与这些客户有关的有价值的信息。这些目录清单可能包括一些以前被忽略掉的潜在客户,这些客户是公司的老主顾,他们对企业提供的商品或服务感兴趣。而且这些老主顾与社会各界联系多,交往面广,他们与其他公司或有合作关系,或有业务往来,通过他们的配合协助常常会带来成交的信息与希望。

2. 现有客户的推荐

一般认为,同行是冤家,但相互没有竞争的不同区域的客户给企业的信息可能极有价值,他们都在行业内经营多年,对地区内的行业情况非常了解。市场人员应有意识地培养这样一个习惯,即每次拜访客户后不管成功与否都顺便问一句"能否给我推荐一个客户",长此以往必会收到效果。

3. 竞争对手的客户

据统计,大约70%的市场人员不认为竞争对手的客户是其潜在客户,一般认为客户与原厂家长期建立起的关系壁垒是很难攻破的。但竞争对手的客户也是潜在客户的重要来源之一。市场人员应首先分析本企业与竞争对手相比的优势与劣势,了解客户的需求特点,再将自身的优势与客户的需求相联系,这样也许就会找到市场机会。挖掘竞争对手的客户难度很大,需要产品定位、人际关系、产品质量等多方面的优势组合。

4. 发展新客户

在国际市场竞争激烈、市场需求纷繁复杂的情况下,企业不能仅仅依靠固定的几个客户,而应该不断地寻找新的伙伴,形成一个有潜力、有活力的客户群。寻求的新客户主要有以下两种途径:

(1)直接寻找客户

出口企业可派代表广泛参加国内外各种交易活动,通过这些活动来联络感情、扩大联系、广交朋友,在同外商接触中物色合适的客户;派外销员直接到目标市场去推销,通过外销员采用各种推销技巧和方法去招揽顾客;通过举办展销会、博览会、技术交流会、交易会、广泛接触和发展客户。

(2)间接寻找客户

通过有关国家的商会、银行、专业咨询公司、贸易促进组织等介绍客户,这些机构多数是服务性的,可提供相关信息;利用遍布于世界各地的旅外华人、亲友介绍客户、联系业务;通过国内外有关报纸杂志,特别是专业性的报纸杂志,可以寻找一些潜在的客户;通过刊登广告,可以招揽一些新客户;通过国内的有关机构介绍客户。例如,中国银行和有关专业银行在国外都有分支机构、办事处,中国国际贸促会等单位在国外都有广泛的联系,它们可以为出口企业介绍、推荐客户;通过原有的国外客户,介绍相关企业和其他国外客户。

(三)寻找潜在客户的原则

在寻找客户的具体过程中,应把具有共性的原则与实际情况相结合,灵活借鉴与使用。

1. 量身定制的原则

量身定制的原则也就是选择或定制一个满足本公司具体需要的寻找潜在客户的原则。不同的公司对寻找潜在客户的要求不同,因此,营销人员必须结合自己公司的具体需要,灵活应对。任何拘泥于形式或条款的原则都可能有悖公司的发展方向。

2. 重点关注的原则

即80:20原则,该原则指导企业事先确定寻找客户的轻重缓急,首要的是把重点放在具有高潜力的客户身上,把潜力低的潜在客户放在后边。

3. 循序渐进的原则

即对具有潜力的潜在客户进行访问,最初的访问可能只是“混个脸熟”,交换一下名片,随着访问次数的增加,访问频率的加快,可以增加访问的深度。

二、开发跨境客户的方法

开拓跨境客户市场的方法主要有以下几种:

(一)通过购买渠道吸引跨境客户

购买渠道是指客户将产品或服务买到自己手中的途径。对企业而言,它主要包括分销渠道、储存设施、运输设施、存货控制,它是企业为使其产品进入市场、送达客户所实施的各种活动,包括途径、环节、场所、仓储和运输等。

销售产品或服务的渠道是否便利,决定了客户获得产品或服务所支付的成本,是影响客户购买决策的重要指标,会直接影响跨境客户的购买体验。一旦购买渠道不便，增加客户购买的时间、资金成本等，很可能会导致客户放弃购买。

针对跨境客户的距离远、分布散的特点，跨境客户开发要依托遍布全球的互联网。借助业务覆盖全球的跨境电商平台、区域性电商平台、社交媒体、即时聊天工具等是开发跨境客户的有效渠道。

1. 业务覆盖全球的电商平台

业务覆盖全球的电商平台包括全球速卖通、亚马逊、Ebay 等，他们在业务上覆盖了全球主要国家和地区，有广泛的客户群。

全球速卖通面向海外买家，是全球第三大英文在线购物网站。通过全球速卖通开发客户，需要完成店铺注册和装修，成交订单一般通过国际支付宝付款，同时，全球速卖通支持信用卡（Visa/MasterCard），MoneyBookers，西联支付（Western Union）和银行转账（Bank Transfer T/T）等付款方式；产品一般通过国际快递送达客户，如中国邮政小包、DHL 和 UPS 等，一些卖家为缩短国际快递时间、缩减快递成本也会设立海外仓。

亚马逊是美国最大的网络电子商务公司，是全球商品品种最多的网上零售商和全球第二大互联网企业。亚马逊和全球速卖通不同，它的跨境电商平台设立了不同的站点，每个站点涵盖一定的国家或地区，如美国站主要针对美国、加拿大等北美客户。2012 年，亚马逊“全球开店”项目向中国卖家开放，大批中国卖家涌入亚马逊开启了跨境电商业务，“全球开店”项目向中国卖家开放的站点有美洲站、欧洲站和亚洲站，澳洲站也即将开放。亚马逊平台运营也有自身特色，比如重推荐，轻广告；重产品详情，轻客服咨询；重产品，轻店铺；重视客户反馈和用户体验。

2. 区域性电商平台

随着互联网技术的发展和电子商务的触角不断触及世界的各个角落，许多国家看到了电商发展的潜力，一些覆盖本国或本地区的电商平台营运而生。目前，一些国家发展比较好的电商平台如下：

Allegro：Allegro 是欧洲第五大访问量的网上交易市场，拥有超过 1200 万的注册用户。其主要目标市场是东欧，也是波兰最大的电商平台，几乎占了波兰电商市场 80% 的份额。作为欧洲增长最快的电子商务平台，Allegro 很受东欧客户的欢迎。

Bol. com：Bol. com 是比利时、荷兰和卢森堡地区最大的在线综合类电商平台，每天拥有超过 100 万次的访问量，有 650 万活跃的客户，在当地影响力甚至不逊于亚马逊，深受荷兰消费者喜爱和尊重。

Cdiscount：Cdiscount 是法国地区最大的电商平台，有专门的海外仓服务，在物流、客服上节省了大量的时间，有很好的发展前景。

Rakuten：Rakuten 是英国第三大在线电商平台，紧随亚马逊和 eBay 之后。所有零售商都能够在 Rakuten 的 Play. com 店铺推介其品牌，Rakuten 是首个为零售商提供自定义店面的电商平台。

Tophatter：Tophatter 是美国的一个在线拍卖电商平台，区别于其他电商网站的是，Tophatter 的订单大部分都是通过实时拍卖的方式卖出，也就是买家相互竞价，谁出的价高，谁就购买成功。

MercadoLibre：MercadoLibre 是拉美地区电商平台，覆盖了南美洲 18 个国家，其中包括巴西、墨西哥、智利、哥伦比亚、阿根廷等。2017 其销售额增长 30%，是一个成长速度很快的电商平台。

Qoo10：最大特点是经营范围广，覆盖国家多。其已在日本和新加坡等 5 个国家运营了 7 个购物网站平台，还在继续向其他亚洲国家和地区扩充和发展。

Lazada：东南亚最大的电子商务网站，主要覆盖马来西亚、新加坡、菲律宾、泰国等市场。

区域性电商平台虽然在市场分布范围上不够广，但在当地的影响力或发展速度不容小觑。利用这些区域性电商平台更熟悉本国或地区市场的优势可以帮助拓展跨境客户。一方面，企业可以到对我们国家开放的区域性电商平台开店，通过他们的平台开发跨境客户；另一方，国内卖家也可以成为区域性电商平台卖家的供货商，充分发挥我国商品物美价廉的优势，通过区域性电商平台开发跨境客户。

3. 社交媒体等

(1)领英

领英是全球最大的职业社交网站之一，国外的很多大公司及员工都是领英的注册用户，而且他们具体的工作职位都会标清楚，这对外贸企业的推广来说十分有利，因此通过领英能够找到更多的跨境客户和订单。

注册领英账号，个人信息的完善十分重要，它能帮助客户了解你的个人信息，也可以帮助你了解客户的信息，便于在众多的用户当中发现目标客户。在账户主业要经常更新内容，发布动态，让客户看到自己的近况。具体可以发说说、上传照片以及写日志等，通过图片和文字形式的合理搭配，我们可以图文并茂地、详细地介绍企业的产品，当然也可以发布一些参展消息、客户参观的介绍等。发布了内容之后就能被联系人看到，查看、点赞你的内容的用户都可能会是潜在客户。

除了个人页面外企业还可以创建公司主页来吸引用户的关注。中文页面可以在“更多”中点击进入，创建公司主页。英文页面则需要用鼠标点击Interests，点击 companies，点击 create，输入公司付费邮箱和公司英文名。常见的 Gmail，Yahoo，163 邮箱都是免费邮箱。输入好公司英文名和付费邮箱后，点击提交，然后去邮箱点击链接激活主页，之后直接搜索公司名字，立刻进去主页，鼠标点击 Edit page，里面输入完善主页信息，然后就可以发产品了。

登陆领英账号，添加好友可以立刻增加档案访问量和领英公司主页访问量，好友越多，档案和主页做得越详细，直接添加客户采购的通过率越高。客户采购同意好友申请后，你可以直接看他的邮箱，这样的邮箱最准确，如若不添加好友直接查看的邮箱和搜索的邮箱，很多邮箱可能是错的或者是无效的，这会直接影响到开发跨境客户的效率。

在领英页面的搜索框输入关键词，就可以找到相应的群组，点击申请加入。在群组中找到潜在客户的概率会更高，当然加入群知识第一步，后续还要在群里和大家保持互动。

（2）Facebook

除了领英之外，也可以利用 Facebook 进行产品推广。Facebook 是开发跨境客户不能错过的社交媒体平台，想要保证推广营销的效果，就要对该平台的功能有所了解。

Facebook 除了成熟的信息流广告板块，还提供了更多的广告投放选择，Facebook Messenger 广告就是其中之一。Facebook Messenger 广告为企业提供了和目标用户保持联系的方式,同时还能为用户提供自定义体验。投放广告的企业可以在 Messenger 手机软件中回答用户的问题或者和用户预约见面。此外还有一种插播视频广告,不管是直播还是非直播状态中,广告主都可以播放 5～15 秒的视频广告,不仅能够帮助企业提升品牌知名度,还能使推广信息抵达更多的用户。

Facebook 具备直播营销功能,这样的功能成为很多商家开展推广营销的新方式,也很受用户的欢迎,其中它还包含了几个隐藏功能,比如视频直播预先安排功能,将 Product Shop 与 Facebook Live 相结合的功能等。企业可以访问自己页面上的发布工具,转向视频库然后创建并预先安排直播。直播预约功能一方面能引起用户的关注,使其产生期待,另一方面能让用户腾出时间来观看直播。如果企业要将 Facebook 直播和 Product Shop 结合在一起,就要先将 Product Shop 设置好。完成了设置后企业可以在直播过程中推广自己的产品,也可以在视频中为产品添加标签,吸引用户的访问。

第三,Facebook 平台为企业提供了一个免费的推广工具 Product Shop,企业可以直接在自己的 Facebook 主页中销售产品。利用这个工具,企业可以建立一个产品店铺,让消费者选择是否直接在 Facebook 上购买产品,或者跳到企业自己的网站上完成产品购买。直接在 Facebook 页面上销售产品将让卖家能够接触 Facebook 众多的用户。

4. 通过即时聊天工具开发跨境客户

Skype,WhatsApp 等即时聊天工具也是常用的开发跨境客户的方法,其便捷的在线聊天功能能够更加及时地让企业与客户保持联络,通过他们也可以有针对性地去开发跨境客户。

安装、注册 Skype 账户后,在菜单—工具中搜索 Skype 用户,在搜索客户之前要了解目标客户的缩写,如 MOTA 是摩托罗拉的缩写。搜索时可以选择国家,搜索结果出来后,点击用户名,对搜索结果进行排序,并列出可能的联系方式。除了按客户名搜索外,还可以按关键词搜索,使用关键字进行搜索,需要从取名心理去做一些分析,非常认真的客户有可能把自己的产品名作为 Skype 用户名的一部分,或者公司强制要求产品名作为用户名的一部分。Skype 上有个“搜索 Skype 用户”的功能,我们可以按照国家、城市等地区、性别、对方的语言、年龄来搜索,当然最后一点就是别忘了在“查找 Skype me 状态下的用户”前面打上钩。只有标了“Skype me”的用户是欢迎别人去加他的用户。企业也可以设定“Skype me”让跨境客户找到自己。

WhatsApp 是一款非常受欢迎的跨平台应用程序，用于智能手机之间的通讯。WhatsApp 借助推送通知服务，可以使人们即刻接收亲友和同事发送的信息。使用 WhatsApp 程序可免于用手机发送短信，同时，它还支持文字信息、图片、音频文件和视频信息的收发。WhatsApp 是基于手机号码注册的，在注册的时候，只需要你输入手机号码，并接受一条验证短信验证即可完成注册。WhatsApp 会自动搜索你的手机联系人中已经在使用的 WhatsApp 软件的人，并将其自动添加到你的手机联系人名单里。

（二）通过促销方案吸引跨境客户

促销方案是指企业利用各种有效的方法和手段，通过恰当的信息传播载体将企业及其产品或服务的信息传递给目标客户，并于客户有效的沟通，使客户了解和注意企业的产品，激发消费者的购买欲望，并促使其实现最终的购买行为。

成功的促销方案离不开信息的传播，因此，广告在促销方案中不可或缺。在跨境客户开发过程中可以通过以下途径发布广告，将促销信息及时传递给目标客户。

1. 广而告之促销信息

（1）通过社交平台发布促销信息

在信息时代，互联网媒体广告的传播范围极其广泛，并且不受时间和空间的限制，突破了传统广告的区域和时间限制。作为新兴的媒体，互联网媒体广告的收费远低于传统媒体，网络广告由于有自动化的软件工具进行创作和管理，能以低廉费用按照需要及时变更广告内容。相对于传统广告的信息单向传导性，互联网广告的强交互性一方面起到了传达信息的作用，另外一方面对于品牌的建设与提升也有着良好的效果。借助互联网广告的优势，能将企业的促销信息方便及时地传递给目标客户。例如，在领英上进行传播促销信息就有很强的专业优势。

领英对于外贸 B2B 行业来说,开发跨境客户是有效果的,企业在填写完毕账户之后,还需要把公司官网、博客以及其他有帮助的信息都准备完善,当潜在客户对你感兴趣的时候可以方便快捷地了解相关信息,比如可以查看你提供什么产品或服务。接下来要对客户进行分析,准确定位企业的目标客户,并发邀请给他们,同时看他们的关系网里有哪些人,如果有潜在客户就加入他们的群组,从群组里再挖掘新的符合要求的用户。在适当的时候可以建立自己的专业性群组,经常在领英问答区回答和你行业相关的问题,你的答案代表着你的专业水平,一旦被人看到并且认可,自然会吸引客户的注意。在领英问答区回答问题质量贵在精辟,如果被选中最佳答案,是有机会被贴上"Expert"的标签,对目标客户会产生更大的吸引力。

领英也提供了付费广告,领英聚集了庞大的专业人士,也提供了类似的付费广告,领英的付费广告会根据你选择人群的种类来投放的,具有很强的针对性。在付费模式上,领英提供了按点击付费 CPC(每次点击付费广告)的模式以及按展示次数 CPM(关键路径法)的付费模式。

在领英上投放广告,其受众更为精准,企业可以选择将广告投放到特定的职位、行业、地理位置、性别、公司以及领英组群,也可以自由的组合各种属性,根据广告的需要进行调整。

(2)通过跨境电商平台发布促销信息

跨境电商平台提的服务业越来越丰富,除了常见的产品展示、销售服务,还提供相应的付费推广业务。如点击付费服务,也就是当跨境客户在电商平台点击、浏览产品后,不管是否购买卖家都要支付相应的点击费用。点击付费是一种有效的站内广告推广手段,客户在点击、浏览企业产品后下单,还需要对产品页面进行合理的优化以激发客户的购买行动。

目前,亚马逊已为卖家提供点击付费服务,速卖通也提供了直通车服务,从本质上说这也是点击付费服务。点击付费服务由于是在电商电商平台直接展示产品促销信息,因此,它推广效果见效很快,设定好相关的关键词以及其他相关选项,只要审核通过,流量会很快吸引进来。点击付费费用比较高,企业在点击付费推广前,应做好成本预算,根据预算可以设定每天的推广费用,以免费用超支。

(3)通过其他网络平台推广

除通过跨境电商平台进行站内推广外,站外推广也是重要的促销形式。如搜索引擎优化、专业网站推广、社交媒体引流等。

搜索引擎优化是一种利用搜索引擎的搜索规则来提高目前网站在有关搜索引擎内的自然排名的方式。它的目的是为网站提供生态式的自我营销解决方案,让网站在行业内占据领先地位,以便从搜索引擎中获得更多的免费流量,从网站结构、内容建设方案、用户互动传播、页面等角度进行合理规划,使网站更适合搜索引擎的索引原则的行为。

专业网站推广要结合经营的产品有选择地推广,在专业网站推广有利于专业的目标客户发现企业的促销信息,它是一种有效的推广手段。利用社交媒体进行推广此前已经有所涉及,这里不再展开。

2. 公共关系

公共关系是指某一组织为改善与社会公众的关系,促进公众对组织认识、理解及支持,达到树立良好组织形象、促进商品销售目的等一系列公共活动。它本意是社会组织、集体或个人必须与其周围的各种内部、外部公众建立良好的关系,它是一种状态,又是一种活动。作为公共关系主体长期发展战略组合的一部分,公共关系的含义是指管理职能,即评估社会公众的态度,确认与公众利益相符合的个人或组织的政策与程序,拟定并执行各种行动方案,提高主体的知名度和美誉度,改善形象,争取相关公众的理解与接受。

对于跨境电商企业而言,利用公共关系开发客户的难度看似很大,因为企业与其客户群体是割裂的,他们无法处在同一个社会环境中,企业无法直接与周围的各种外部公众建立直接的关系。其实,企业只需要转换思维也能找到公关的突破口,建立良好的公共关系,以树立良好的社会形象赢得客户的尊重和认可。

企业应关注目标客户所在国家的实时事件。例如,某国发生地震、洪水等自然灾害,企业可以在跨境电商平台上推出救灾用品的赠送活动,让老客户代为接收救灾用品并负责送给他们国家的灾民,在爱心的驱使下会有老客户愿意将这份爱心传递下去。通过关注灾民的衣食住行,让老客户感受到企业超越国境的人道关怀和来自中国的爱心。捐赠会给企业带来成本的上升,但相比其他广告投入,其收获的社会影响更深远,在感动老客户的同时也会鼓励老客户帮助企业开发更多新的客户。

3. **销售促进**

销售促进是指企业运用各种短期诱因鼓励消费者和中间商购买、经销企业产品和服务的促销活动。销售促进是客户开发过程中的一把利剑,它能使产品更快地进入市场和扩大市场。其促销的对象有三个,即批发商、零售商、消费者。对生产厂商而言,其销售促进对象是批发商、零售商、消费者;对批发商而言,其促销的对象是零售商、消费者;对零售商而言,其促销的对象是消费者。销售促进的对象不同,促进策略也不同,企业要根据自身的销售促进目标采取有效的策略,跨境电商主要销售促进对象为消费者,因此,其销售促进可采取如下策略:

(1)免费试用

免费试用指的是针对目标客户不收取任何费用的一种促销手段。它包括两种形式,一是无偿附赠,即以“酬谢包装”为主;二是无偿试用,即以“免费样品”为主。“酬谢包装”指的是以标准包装为衡量基础,但给消费者提供更多价值的一种包装形式。它常见的形式包括额外包装,即在包装内额外增加分量而无偿赠予;包装内赠,即将赠品放入包装内无偿提供给消费者;包装外赠,即将赠品捆绑或附着在包装上无偿提供给消费者;功能包装,即包装具有双重以上使用价值,不但可以做包装物,还可另做它用。“免费样品”指的是将产品直接提供给目标对象试用而不予取偿。

利用免费试用的销售促进策略最大的问题是如何将产品送达客户。在跨境客户开发中,客户和企业分属不同的国家或地区,送达服务成本很高,再加上产品自身生产或采购成本使得免费试用的成本更好,因此,免费试用产品的数量、获取试用装的资格、方式要进行周密的策划,以确保免费试用的效果和成本控制。

(2)免费服务

免费服务是指提供不收取费用的服务,一般是附加的、义务性的服务,对于服务贸易而言,大多数服务产品的生产和消费环节是不可割裂的,生产和消费可以割裂的个人消费领域服务产品的消费很少。因此,这里所谓的免费服务的主要含义仍然是围绕产品的销售产生的服务。跨境客户开发过程中能提供的附加免费服务多集中在售前、售中和售后。如售前可以根据跨境客户的要求对产品进行个性化的细节描述或者更多方位的展示;售中要在货款结算、产品个性包装、送达服务等方面给予客户更多的协助;售后针对产品的问题及时与客户进行有效的沟通,承担起企业应有的责任,帮助客户解决后顾之忧。通过超值的附加服务,让客户感知到企业的温暖,争取客户最大的满意和忠诚,并通过老客户帮助开发新的跨境客户。

(3)奖金或礼品

奖金或礼品销售促进手段主要是指在产品销售中,对于购买一件产品给予相关联的产品或者奖金的奖励。赠送相应的礼品可以是买大送小、买主要产品送周边礼品、送有特色新奇特小礼品等;奖金可设定在产品购买后参加抽奖,抽中可获赠相应金额的优惠。对于礼品的赠送也存在免费试用类似的问题,那就是送达服务产生的成本增加,因此做好预算仍是重要的一环。

(4)优惠券

在各类销售促进中,都是直接或者间接围绕消费者购买产品的总支出展开,也就是体现在消费者购买产品时支付的总价格。所以,在销售促进中,最直接的方式就是减少消费者总支出,直接减少消费者支出的促进方式就是优惠券。

优惠券是指企业发放的给予持有人在满足条件购买产品时销售一定的价格减让。由于优惠券能够替代现金使用,对与价格敏感的消费者有很强的吸引力。优惠券可以通过企业网站、电商平台、电子邮箱等方法给目标客户。

(三)通过逐户寻找法开发跨境客户

逐户寻找法也称普遍寻找法或者地毯式寻找法,指营销人员在事先约定的范围内挨家挨户访问的方法,也称为地毯式搜索法、逐户访问法、上门推销法。它是在不熟悉客户或不完全熟悉客户的情况下,推销员对某一特定地区和特定行业的所有单位或个人进行访问,从中寻找潜在的客户。所采取的寻找客户的方法就是把推销员按地区划片分工,逐户去访问。显然,依靠挨家挨户的方式拜访跨境客户难度极大,在“互联网 +”时代,要充分借助“互联网 +”推销拓展跨境客户。

企业在开发跨境客户之前,需要有一批业务熟练的客户开发人员,在充分熟悉产品和市场后,调研国外市场主要客户。推销人员通过互联网搜索潜在客户信息,如查看潜在客户的官网、网上销售店铺等,研究客户经营产品品类、档次、主要销售市场、经营理念等。对于锁定的目标客户,通过邮件、电话、社交媒体等渠道主动拓展业务。

(四)通过客户引荐法开发跨境客户

该法又称为连锁介绍法、无限连锁法,就是指市场人员由现有客户介绍他认为有可能购买产品的潜在客户的方法。现有客户的介绍方法主要有口头介绍、写信介绍、电话介绍、名片介绍等。实践证明,客户引荐法是一种比较有效的寻找潜在客户的方法,它不仅可以大大地避免寻找工作的盲目性,而且有助于市场人员赢得新客户的信任。客户引荐法适合于特定用途的产品,比如专业性强的产品或服务性要求较高的产品等。

利用客户的朋友圈去发现潜在客户也是重要的跨境客户开发途径。利用客户引荐法开发客户的优点是比较容易接近目标客户,客户可以直接和目标客户沟通,目的性强、成功率高。当然,利用客户开发跨境客户也可能会遇到一些问题,如客户是否愿意利用其朋友圈帮助开发跨境客户;客户具不具备开发身边潜在客户的能力等。

(五)通过"光辉效应法"开发跨境客户

该法又称为中心辐射法、名人效应法或影响中心法等,属于介绍法的一种应用特例。它是指市场人员在某一特定的区域内,首先寻找并争取有较大影响力的中心人物为客户,然后利用中心人物的影响与协助把该区域内可能的潜在客户发展为潜在客户的方法。"光辉效应法"显示,一些中心人物的购买与消费行为,可能在他的崇拜者心目中形成示范作用与先导效应,从而引发崇拜者的购买行为与消费行为。"光辉效应法"适合于一些具有一定品牌形象、具有一定品位的产品或服务的销售,比如高档服饰、化妆品、健身器材等。

（六）通过代理人法开发跨境客户

代理人法，就是通过代理人寻找潜在客户的办法。这种方法在国外用得比较多，一般是市场人员在自己的业务地区或者客户群中，通过有偿的方式委托特定的人或者机构为自己收集信息，了解有关客户和市场、地区的情报资料等。实际上这种方法是以一定的经济利益换取代理人的关系资源。代理人法的不足与局限性在于合适的代理人难以寻找，更为严重的是，如果市场人员与代理人合作不好，沟通不畅或者代理人同时为多家公司担任代理，则可能泄露公司商业秘密，这样可能使公司与市场人员陷于不公平的市场竞争中。

（七）通过直接邮寄法开发跨境客户

直接邮寄法，就是企业将产品及企业信息印刷成信件或宣传品以直接邮寄的方式送给有可能购买的客户，以促使客户购买产品的一种方式。在有大量的可能的潜在客户需要某一产品或服务的情况下，用直接邮寄的方法来寻找潜在客户不失为一种有效的方式。直接邮寄法具有成本较低、接触的人较多、覆盖的范围较广等优点，不过，其缺点是时间周期较长。

（八）通过资料查阅法开发跨境客户

该法又称间接市场调查法，即市场人员通过各种现有资料来寻找潜在客户的方法。不过，使用该法需要注意以下问题：一是对资料的来源与资料的提供者进行分析，以确认资料与信息的可靠性；二是注意资料可能因为时间关系而出现的错漏等问题。

（九）通过客户资料整理法开发跨境客户

这种方法本质上属于“资料查阅寻找法”，此法强调客户资料管理，现有的客户、与企业联系过的单位、企业举办活动（如公关、市场调查）的参与者等，他们的信息资料都应该得到良好的处理和保存，这些资料积累到一定的程度，就是一笔财富，在市场营销精耕细作的今天，这尤为重要。例如，某个家庭，第一代洗衣机购买的是“小天鹅双桶洗衣机”，第二代洗衣机是“小天鹅全自动洗衣机”，第三代洗衣机是“小天鹅滚筒式洗衣机”，如果要做到真正让客户的三代洗衣机都用“小天鹅”，客户的资料整理和精细的客户服务就是必不可少的。

（十）通过市场咨询法开发跨境客户

所谓市场咨询法，就是指市场人员利用社会上各种专门的市场信息咨询机构或政府有关部门所提供的信息来寻找潜在客户的方法。使用该法的前提是存在发达的信息咨询行业，目前中国市场的信息咨询业正处于发展阶段。使用该法的优点是比较节省时间，所获得的信息比较客观、准确，缺点是费用较高。

一些组织，特别是行业组织、技术服务组织、咨询单位等，它们手中往往聚集了大量的客户资源以及相关行业的市场信息，通过咨询的方式寻找客户不仅是一个有效的途径，有时还能够获得这些组织的服务、帮助和支持。

（十一）通过会议寻找法开发跨境客户

随着社会的发展，人民的交往也呈现多层次、多形式的特征。会议已经成为人们相互沟通的社会交往的重要表现形态。会议已成为各类组织提升形象、传播和发布信息的重要契机。如今的会议形式已然超出了一般的单一格局，正朝着多元化方向发展，很多商业性目的的会议能产生巨大的客户开发机会，如行业演讲会、网上研讨会等。

行业演讲会或品牌技术研讨会通常由一个利益主体组织，一家或数家参与品牌通过会议进行演讲，尽管以技术或产品交流为形式，但却是以品牌宣传为主要目的，这类技术研讨会通常由品牌或行业媒体组织。跨国行业演讲会或品牌技术研讨会上经常会聚集来自世界上主要国家和地区的生产商和销售商，借助会议可以开发国外的批发商、零售商甚至是消费者。

随着信息技术的发展，网上研讨会成为举办研讨会的又一形式，它能够在节省主办方成本的前提下，让更多的客户和目标客户获得研讨会内容，主办方能更有力地进行推广和跨境客户开发。网上研讨会有直播和录播两种类型，直播也是在指定的时间举办，并有演讲人进行演讲，演讲人可与客户及目标客户进行互动,由于采用了视频直播的方式,观众可获得很好的现场参与感。网上研讨会规模可大可小,客户的接受度也比较高,可以在较小的会议成本下实现跨境客户的开发。

(十二)挖对手的客户开发跨境客户

挖对手的客户是指企业通过各种竞争手段,如出产品性能创新、提供增值服务、降低产品价格等,从竞争对手那里抢夺目标客户的方法。当竞争对手的产品、服务不能满足客户需求时,利用这种方法往往能收到很好的效果。

挖掘竞争对手的客户,需要多方面的优势组合。第一是产品定位,要么产品在性能创新或质量保障方面占绝对优势,要么是生产效率提升成本下降明显,价格有绝对竞争优势。如果两方面没有明显的优势,那么需要从第二个方面着手。第二个方面就是竞争对手的产品问题,很多产品不可能完全没有缺陷,抓住竞争对手的产品问题,把自己的产品质量最好的先挤入客户企业,一步一步地抢占更多份额,以此拓展跨境客户。

三、潜在客户的评估与管理

(一)潜在客户的评估

大量的潜在客户并不能转变为目标客户。获得潜在客户名单仅仅是起始阶段,因此,需要对潜在客户进行及时、客观地评估,以便从众多的潜在客户名单中筛选出目标客户。

在挑选、评估潜在客户之前,市场人员需要考虑三个问题:一是潜在客户是否具有企业能够给予满足的需求;二是在企业满足其需求之后,这些潜在客户是否具有提供适当回报的能力;三是公司是否具有或能够培养比其他公司更能满足这些潜在客户需求的能力。

1. 帕雷托法则

帕雷托法则,即80:20法则,这是意大利经济学家帕雷托于1897年发现的一个极其重要的法则。该法则具有广泛的社会实用性，比如20%的富有人群拥有整个社会80%的财富；20%的客户带来公司80%的营业收入及利润等。帕雷托法则要求市场人员分清主次，锁定重要的潜在客户。

2. MAN法则

MAN法则能够引导市场人员去发现潜在客户的支付能力、决策权力以及需要。作为营销人员，可以从下面三个方面去判断某个个人或组织是否为潜在客户：一是该潜在客户是否有购买资金M(Money)，即是否有购买力或筹措资金的能力；二是该潜在客户是否有购买决策权A(Authority)，即我们所极力说服的对象是否有购买决定权，能否准确地了解真正的购买决策人是销售的关键；三是该潜在客户是否有购买需要N(Need)。

(二)潜在客户的管理

实践表明，对潜在客户的管理主要应从紧迫性和重要性两个方面入手。

1. 根据紧迫性分类

紧迫性描述潜在客户在多长的时间范围内做出对公司的产品或服务的购买决定。通常情况下，在1个月内能做出购买决定的潜在客户，可称为渴望型客户；在2个月内能做出购买决定的潜在客户，称为有望型客户；在3个月内能做出购买决定的客户，则称为观望型客户。企业应根据客户的不同类型，安排不同的拜访，包括拜访频次和拜访深度等。

2. 根据重要性分类

重要性描述潜在客户可能购买公司产品或服务的数量的多少。虽然每个潜在客户都是非常重要的，但根据80:20法则，市场人员更应该关注带来80%利润的20%的关键客户。为此，可以根据公司的业务情况，将客户分为三类：最重要的是关键客户，这类客户需要市场人员投入更多的时间和精力增加访问频次，增加访问深度；其次是重要客户，这类客户应该安排合适的访问频次和内容；最后一类是一般客户，这类客户维持正常的访问频次与内容即可。

项目四　跨境电商的市场推广

互联网给人们的生活带来了极大的便利,特别是紧密的世界经济交往。体现在跨境电商平台上,更为直观的表现为,我们动动手就能将远在他国的商品收入囊中。互联网和市场公关将成为影响全球商品市场的两大趋势。

互联网的发展,让世界人民之间的距离不再是万水千山,而是一块屏幕。用户可以通过便捷的互联网,足不出户,在网络终端浏览来自世界各地的琳琅满目的商品。同时,互联网能够为商家提供一种机遇,给商业运作带来革命性的变化,也成为企业的一种新的市场销售渠道。在资金力量允许和发展战略需要的情况下,利用互联网开拓新市场,不失为一种选择。

互联网本身的双向沟通特性,使得消费模式从单向变为互动。对同行而言,互联网可以作为信息汇总的窗口,使相关产业情况得以汇集。对竞争者而言,互联网可以使之更好地掌握对手的情况,根据其信息及时调整相关的营销策略和宣传重点。对消费者而言,互联网不仅使迂回经济变为直接经济,更可以做到货比三家。

网络营销的核心是推广,这其中包括信息的搜集和市场的推广全过程结合,使企业营销的全过程和网络营销完美地结合起来。积极的营销规划除需要网络营销的运行外,更需要促销活动及其他媒体的共同配合才能发挥最大的整体效益。

一、网络推广工具分析

网络推广形式依照传播方式可分为四种:

(一)图片

包括旗帜广告、按钮广告、邮件列表、墙纸式广告、赞助式广告、电子邮件广告、竞赛和推广广告、插页广告等。

(二)文本

主要指推广信函、文字链接、信息发布。

(三)交互式

与客户在线交流,及时反馈客户信息。

(四)其他

供求信息查询、搜索引擎注册及排名靠前、全球商务网站信息发布、全球各行业买家名录等。

图片和文本是主动发起的、针对目标受众的单向推广方式,适合有计划、大规模的推广,但难于迅速了解受众的反应情况,所以要辅以检测方式;交互式可以直接了解目标受众的心态,但是在规模上易受人力限制,难以大规模进行,但从行业发展趋势来看,交互式方法将越来越受到重视。

二、跨境电商市场网络推广

(一)建立个性化企业网站

企业网站是网络营销的基础,也是网络品牌建设和推广的基础,在企业网站中有许多可以展示和传播品牌的机会,如网站上的企业标识、网页上的内部网络广告、网站上的公司介绍和企业新闻等有关的内容。

1. 网站的访问速度

网站的访问速度是影响点击率的重要因素,其主要受接口带宽和网页制作的影响。

第一,接口带宽的影响,条件允许的情况下应满足带宽的最大值。

第二,网页制作的影响,尽可能地减少网页所用颜色的数量;对每个图像使用最有效的格式(对图像的优化效果最好,且图像细节损失最小);尽可能地减少图像的使用。

2. 网页的内容

网页的内容是吸引访问者的重要因素,其主要受下列因素影响:

(1)页面清晰与否

(2)是否突出重点

(3)界面是否友好

(4)内容完备性、独特性

(5)权威性、专业性

(6)成功案例介绍

(7)背景介绍

(8)产品展示

(二)网络广告宣传

网络广告的作用主要表现在两个方面:品牌推广和产品促销。需要提醒的是,做网络广告,一定要注意目的、方法和实施中的细节。保持广告主题和形象的稳定,才能在消费者心中留下明确的品牌形象。

(三)搜索引擎排名推广

搜索引擎是用户发现信息的主要方式之一,用户通过某个关键词检索的结果中看到的信息,是一个企业/品牌的第一印象,这一印象的好坏决定了这一品牌是否有机会进一步被认识。网站被搜索引擎收录并且在搜索结果中排名靠前,是利用搜索引擎营销手段推广网络品牌的基础。

客户使用搜索引擎寻找信息是一种普遍现象。搜索引擎的排名次序对于公司网站定额访问量有很大的影响,而如何将网站在搜索引擎中注册的排名提升是每个企业网站都面临的问题,应根据不同搜索引擎的排名规则加以研究分析,找出相对应的网站注册技巧,力争使网站在各搜索引擎的关键字或相关分类目录中的排名次序进入首页面。

1. 关键词检索

申请注册后由程序控制自动完成注册程序,根据搜索引擎自身的排名机制及与关键词的相关程度决定网页的排名。其数据库容量大,但精确度较低。

2. 分类目录检索

申请注册后由人工完成注册程序后，人工评审并决定是否允许注册，搜索引擎根据分类目录及网站信息与关键字串的相关程度排列网站。其数据库容量较小，但精确度较高。

（四）电子邮件营销

企业每天都可能会发送大量的电子邮件，其中有一对一的客户服务邮件，也会有一对多的产品或客户关系信息，通过电子邮件向用户传递信息，成为传递网络品牌的一种手段。利用电子邮件传递营销信息时，邮件内容是最基本的，品牌信息的传播只有在保证核心内容的基础上才能获得的额外效果。

（五）网上事件营销

作为一个需要充分利用网络优势打造品牌的企业，必须十分注重公关活动和事件营销。因为品牌的树立和推广需要高度的品牌忠诚和口碑效应。当然，根据企业规模和实力的大小，在此方面的投入也应有所不同，关键是把握好广告费用和公关费用的平衡。

（六）建立友情链接进行推广

建立友情链接是提高网站访问量的另一关键措施，但提高访问量并不是唯一目的，重要的是更好地服务客户、吸引访问者，因此选择友情链接的目标网站极为重要。

（七）其他网上营销手段

1. 电子杂志推介

电子杂志推介就是以电子杂志为载体，向电子杂志订户进行宣传和推广的方式。如将公司最新的鼓舞人心的消息、最新技术、新增典型客户情况、针对某领域客户的月刊/季刊等传给潜在客户或有需求的签约客户，能够将起到事半功倍的效果。

但需要注意电子杂志的发送频率不宜过高；标题要切中要害；整个文件不要

太大，采用演示文稿的格式为佳；发送时间适于上班时间；不适用于邮件列表的群发功能，这样会造成客户信息泄露，同时也可能使收件人以为这是垃圾邮件或病毒邮件。

2. Banner 广告进行宣传

企业可在举办推广活动过程中有选择地放置付费 Banner 广告，也可以与相关合作伙伴交换免费的 Banner 广告，促进彼此宣传。针对客户的 Banner 广告一般在专业网站较为常见，如客户所在领域为电力企业，可能选择电力主管部门、协会或电力行业专有网站的 Banner 广告。

3. 利用 BBS，NewsGroup，Mailing List，Blog 进行推广

参加某一新闻组的人们往往有着共同的兴趣，或关心特定主体，因此，可利用新闻组有效地推广产品。而 BBS 专题、NewsGroup，Mailing List，Blog 等推广方式更适用于解决方案、咨询或服务、技术含量较高的产品。

采用 BBS 专题、NewsGroup，Mailing List，Blog 推广手段，具体做法如下：首先，一般要寻找产品内容相关的新闻组，然后“潜伏”其中并观察一段时间，理清发言风格及特点后，可就某主题提出自己的独到见解，要言简意赅。一般不在文章中作广告，可在末尾说明一下公司所提供的产品和服务或解决方案，同时更要成为大家熟知的参与者，经常回答一些问题，树立公司良好形象。

4. 和著名的商业网站合作，展开网络营销

这是利用互联网进行产品推销的主要方式。这种网页的服务内容主要有产品数据库、在公告牌上发布信息、制作网页以及网页链接、资料订阅等。目前国际商业网虽然数目众多，但基本可分为全球性、地区性和行业性和综合性四种。比较有名的有对外经济贸易合作部网站（http://www.moftec.gov.cn）、韩国电子商务网（http://www.ekcorea.net）、联合国贸发会贸易信息网（http://www.unicc.org）、环球资源网站（www.globalsources.com）、阿里巴巴网站（www.alibaba.com）等。网络商务系统不仅包括前面所述的贸易促进功能，还提供合同履行、单证传递、支付货款、融资结算、资信调查等贸易支持保障功能。随着我国商业网络系统不断完善，商务网络将在企业营销中发挥越来越重要的作用。

模块三　跨境客户管理

学习目标

知识目标：

1. 能够描述跨境客户信息的重要性

2. 能够描述跨境电商需要收集哪些跨境客户信息

3. 掌握跨境客户分类方法

能力目标：

1. 能够收集跨境客户信息

2. 能够根据跨境客户的不同分类采取相应的对策

项目一　客户信息管理

一个高速发展的跨境电商企业，客户是企业最宝贵的财富，因此，客户信息管理工作则尤为重要。要想把收集到的跨境客户信息变为切实有效的资源，就需要对信息进行管理，借助有效的管理方法和管理体系更好地分析客户的要求和受众的想法，从而挖掘客户价值，有针对性地、更精准地进行营销。客户信息管理工作貌似简单，实际上却是一套复杂的系统工作。

客户信息数据对企业信息化至关重要，有句话是这样描述数据的重要性的，即“三分技术、七分管理、十二分数据”。在企业信息化进程中，越来越多的企业将客户数据管理作为重点内容。在深入挖掘企业潜力，提高产品创新能力的同时，企业越来越关注的一个重要资源就是客户数据。客户是企业的宝贵资源，企业对客户数据进行全面收集，分析客户数据，将客户数据应用于产品设计、市场规划、销售过程成为企业发展的重要手段。客户信息对企业的重要性还表现在：客户数据是企业生产指导、客户数据是企业市场营销的指导、客户数据是企业客户服务的基础。

客户信息管理工作的主要内容见表 3－1－1 所列。

表 3－1－1　客户信息管理主要内容

工作目标	关键点控制	细化执行
规范客户信息管理行为	1. 制定《客户信息管理制度》 客户服务部根据公司对客户信息管理的要求，编制《客户信息管理制度》，经客户服务总监审核通过，报送领导	《客户信息管理制度》
	2. 确定客户信息收集的内容 客户服务部经理审批通过的《客户信息管理制度》，确定客户信息收集内容	《客户信息管理制度》
	3. 收集客户信息 客户服务部人员及销售人员采用一定的信息收集方法收集客户信息，并按照具体的要求填写《客户信息调查表》	《客户信息调查表》
	4. 更新客户信息库 客户服务人员与销售人员将收集的客户信息汇总到客户服务部信息管理人员，同时将客户信息库进行更新	《客户信息统计表》
	5. 客户信息整合与分析 客户服务部信息管理人员对客户的具体信息进行整合、分析	《客户信息分析表》
为相关部门的决策提供依据	1. 建立相关的客户指标 客户服务部信息管理人员根据对往资料的统计分析和经验，在与其他部门充分讨论的基础上，建立相关的客户指标	《客户回访记录表》
	2. 编制《客户信息分析报告》 客户服务部信息管理人员根据其他部门的要求，编制不同的《客户信息分析报告》	《客户信息分析报告》
	3. 资料归档 客户服务部信息管理人员将客户信息资料及相关分析报告按时归档	《客户档案》

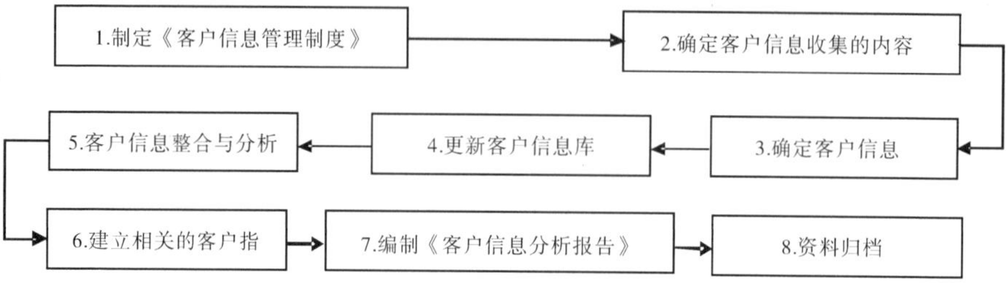

图 3－1－1　客户信息管理流程图

一、制定客户信息管理制度

对于一个真正要实行客户信息管理的企业来说，一个有效的信息渠道是建立起一套专门的、规范化的信息搜集制度和方法，并作为企业一项管理职能，分别落实到相应的管理和销售部门中去。

（一）设立信息管理岗位与官位职责

企业需要有专门的管理部门或人员专门负责客户信息的管理工作，他们的一个重要任务就是有针对性地搜集客户的信息。其手段包括直接接触、调查走访客户、专门为客户建立（记录）档案、从第三方获取资料等多种形式。一般来说，由专业人员实施的信息搜集工作可以保证较高的信息客观性和质量。从实际情况出发，大多数企业此项工作一般由对应的销售人员去收集。

（二）设计信息管理表格

管理部门应设计专门的信息搜集表格，并将搜集职责交到各个相关的部门或销售员手中，由其在与客户的业务交往过程中及时地反馈上来，其中两个主要的部门是销售部和财务部。

表 3-1-2　客户信息专员工作明细表

工作大项	工作细化	工作目标与成果
客户信息调查	根据公司需要，对客户的相关信息进行调查与收集	客户相关信息
	对收集到的客户信息进行整理与分析，并提交给公司相关部门	客户相关信息
客户信用管理	负责进行客户信用调查	《客户信用调查表》
	协助客户信息主管对客户信用进行评估，并对客户信用进行分级管理	《客户信用登记评定表》
客户档案管理	客户资料的建档及管理	客户档案
	维护客户信息系统	客户信息系统

二、收集客户信息

凡是客户信息的收集，无论它是供应商还是客户，其信息的收集、分类、联络跟踪、投诉处理等问题的处理手法是基本相同的。虽然，不同部门所针对的主体可能不同，但它们关注的对象本质是相同的，都是收集对象的质量如何、哪些是自己公关的对象等。正因为如此，对各种客户信息的解说可以一并进行。

（一）信息收集内容

1. 跨境 B 端客户信息

客户信息收集的内容主要包括五大部分，见表 3-1-3 所列。

表 3-1-3　跨境 B 端客户信息收集内容表

客户背景资料	客户组织结构、联系电话、通信地址、网站、使用部门、采购部门、支持部门、客户业务的基本情况、客户主要特点等
客户规划信息	客户的中长短期规划和发展计划、客户主要合作伙伴的公司信息、承担规划或咨询公司的相关信息等
已销售状况	客户最近的采购计划、客户需要解决的主要问题、决策人和影响者、谁负合同条款、时间、预算、信用如何、付款情况如何等
项目资料	通过这个项目要解决的问题是什么、决策人和影响者是谁、项目周期及流程是否清楚、客户的特殊需求是什么
竞争对手的资料	竞争对手公司情况及背景、产品情况、客户对竞争对手的满意程度、竞争对手销售代表与客户之间的关系等

2. 跨境 C 端客户信息

跨境 C 端客户的信息应当包括以下几个方面的内容，见表 3 – 1 – 4。

表 3 – 1 – 4　跨境 C 端客户信息收集内容表

客户基本信息	姓名、血型、身高、体重、出生日期、家庭住址、手机、电子邮箱、所在单位的名称、职务、单位地址、电话、传真等
客户消费情况	消费的金额、消费的频率、每次消费的规模、消费的档次、消费的偏好、购买渠道与购买方式的偏好、消费高峰时点、消费低峰时点、最近一次的消费时间等
客户事业情况	以往就业情况、单位名称、地点、职务、年收入，在目前单位的职务、年收入、对目前单位的态度，对事业的态度、长期事业目标、中期事业目标、最得意的个人成就
客户家庭情况	已婚或未婚、结婚纪念日、如何庆祝结婚纪念日，配偶姓名、生日及血型、教育情况、兴趣专长及嗜好、有无子女、子女的姓名、年龄、生日、教育程度，对婚姻的看法、对子女教育的看法等
客户生活情况	喜欢在何处用餐、对生活的态度、有没有座右铭、休闲习惯是什么、度假习惯是什么、喜欢哪种运动、喜欢聊的话题是什么、最喜欢哪类媒体、个人生活的中期目标、长期目标等
客户教育情况	高中、大学、研究生的起止时间、最高学历、所修专业、主要课程、在校期间所获奖励、参加的社团、最喜欢的运动项目等
客户个性情况	曾参加过什么俱乐部或社团、目前所在的俱乐部或社团、是否热衷政治活动、宗教信仰或态度、喜欢看哪些类型的书、忌讳哪些事、重视哪些事、是否重视他人的意见，待人处事的风格，自己认为自己的个性如何、家人认为他的个性如何、朋友认为他的个性如何、同事认为他的个性如何等
客户人际关系情况	亲戚情况、与亲戚相处的情况、最要好的亲戚、朋友情况、与朋友相处的情况、最要好的朋友情况、邻居情况、与邻居相处的情况、对人际关系的看法等

跨境电商中，在收集完信息之后，需要建立跨境客户信息档案以备提取信息时用。例如，可以利用 Excel 表格工具对客户信息进行整理，有这针对性地筛选出客户信息，见表 3 – 1 – 5 所列。

表3-1-5　跨境客户信息登记表

客户名称	客户邮箱	订单金额	产品信息	收货国家	联系电话	客户等级	下单时间	付款时间	兴趣爱好	其他

如果想对特定客户进行再次营销,就需要挖掘更多的信息。可以通过对方之前的购买记录或评价信息等渠道得到更多的信息,如买方评价、购买频率、经常购买的产品等。从中还能判断对方是批发客户还是零买客户,是喜欢购买高价产品还是低价产品。

在跨境客户信息管理中,信息的整理不仅需要对显性的信息进行及时整理,更需要对客户的购物行为做尽可能多的了解和归纳。

(二)客户信息收集渠道

对于客户信息的收集,首先要确定就是信息收集的渠道。一般来说有以下几种:

1. 二手资料收集渠道

主要是通过客户内部资料、经济类报刊、企业年报、上市公司报告、行业组织、新闻报道、企业宣传、咨询公司、网络、顾客、内部员工、供应商等渠道进行资料的收集。

2. 原始资料收集渠道

通过对销售人员、受雇于本公司工作的咨询公司、专业调查公司、投资银行等进行直接调查和市场竞争所得来的信息资料。

3. 其他信息来源渠道

例如:利用招聘广告、展览展销会、参观工厂、购买竞争对手的受欢迎产品进行分析,创造样板市场观察客户态度,挖走竞争对手重要员工用以询问等方式。

(三)信息收集方法

在信息收集过程中,如果企业决定采用自己亲自进行调查这种方式,则可以使用以下几种方法:

1. 询问法

调查人员事先拟定调查项目,确定调查的内容或具体的问题,以某种方式向被调查对象提出,要求给予回答,由此获得信息资料。此种方法是调查的主要方法,适用于基本资料收集和意见征询及预测、分析。

询问法又分为当面交谈法、邮寄调查问卷法等多种形式。

2. 观察法

由调查人员直接或通过仪器,在现场观察被调查对象的行为并加以记录。它适用于新产品的宣传和促销及跟踪调查,有利于掌握客户对新品的第一感觉和评价,以便及时回馈相关信息。

观察法又可分为直接观察法和亲身经历法。

3. 实验法

实验法是指在可控制的条件下,对所研究的对象从一个或多个因素进行控制,以测定这些因素间的关系。它通过小规模范围的实验,记录事务的发展和结果,收集和分析第一手信息资料。一般来说,采用实验法要求调查人员事先将实验对象分组,然后置于一种特殊安排的环境中,做到有控制地观察。

4. 头脑风暴法

头脑风暴法又称集体思考法或智力激励法,即通过讨论的方式取得全面完整的信息。这种方法基于这样一种认识:社会中的某个具体个人总免不了要受知识、环境、经历、思维方式等诸多限制,即使学识水平再高的人也难免有某些知识或经验方面的不足。

5. 德菲尔法

德菲尔法是一种专家调查法,它与其他专家调查法的区别在于:它是用背对背的判断来代替面对面的会议,即采用函询的方式,依靠调查机构反复征求每个专家的意见,经过客观分析和多次筛选,使各种不同意见逐步趋向一致。这种方法在一定程度上克服了畏惧权威及不愿听到不同意见等弊端,使专家能够自由、独立、充分地发表意见,最后取得较为客观实际的调查结果。

6. **会议现场收集法**

主要是通过各种业务会议、经验交流会、学术报告会、信息发布会、专业研讨会、科技会、技术鉴定会等,现场收集信息。

7. **阅读法**

主要是指从各种报纸、杂志、图书资料中收集有关信息。报刊是传播信息的媒介,只要详细阅读,认真研究,不难发现其中对自己有用的信息。据外国一所战略研究所分析,世界上有60%~70%的信息是来自公开的图书资料,可见从阅读中收集信息的重要性。

8. **视听法**

主要是指从广播、电视节目中去捕捉信息。广播与电视是大众传播媒介,信息传递快,除广告外还有各种市场动态报道,这些都是重要的信息源。

9. **购买法**

这是一种有偿转让信息情报的方法。随着信息革命的发展,国内外兴起各种信息行业,如咨询公司、顾问公司等,他们负责收集、整理各种信息资料。各类专业研究机构、大学研究部门也有各种信息资料。购买法就是向这些信息服务单位有偿索取,虽然这些资料多数属于第二手资料,但省时且来源广,只要目的明确,善于挑选,也不失为重要来源。

10. **加工法**

企业等机构一般都有底层、中层、顶层之分,不同的层次有不同的信息流。底层的数据有日报、周报、月报等。这还不能算是高一层次所需要的信息,但当这些数据往上输送,中层进行加工,便成为一种有用的信息。例如,企业将各部门的月报加以综合分析,便可形成一种信息。

11. **网络收集法**

现代信息快速传播的通道——网络,是现代信息收集的主要方法,它具有快捷、直观、丰富等特点。互联网是信息传播的主要媒介之一，企业可以自设网站征集信息，也可从别的网站下载自己需要的信息。充分利用网络资源，对企业进行信息收集大有帮助。

12. **数据库收集法**

许多公司开始使用从一个称作数据库的大型数据组中寻找所需要的客户资料的方法。银行和信用卡公司、电信公司、目录营销公司以及其他需储存客户大量信息数据的公司，存储的数据不仅包括客户的地址，还包括他们的经营状况、员工人数、营业额以及其他信息。

总之，对客户资料调研的方法很多，但在具体运用的时候，要根据实际情况灵活运用，有时也可以把不同的方法结合在一起综合使用。

三、建立客户档案

资料收集结束以后，需要对这些有用的资料信息进行分类、整理，并建立一系列资料卡，即建立客户档案，以备查用。客户资料信息卡是企业了解市场的重要工具之一。通过客户资料信息卡，企业可以连续地了解客户实情，从中看到客户的动态变化。据此，企业对客户情况一目了然，在制定企业经营战与政策时，可以节省大量的时间、人力与财力。

（一）客户资料信息卡的用途

有孔式客户资料卡制成后，可以在下列情况使用：

第一，寄发广告信函时。

第二，订立收付款计划时，由于各公司的收款、付款日期都不一样，利用资料卡可以安排收款、付款的顺序与计划。

第三，订立时间计划时，可以订立较节省时间、有效率的、具体的访问计划。

第四，对信用度分类时，根据客户资料卡，对信用度低的顾客缩小交易额，对信用度高的顾客增大交易额，这样可以用来决定具体的销售政策。

第五，决定佣金折扣时。

第六，区别现有顾客与潜在顾客时。

（二）客户资料信息卡的类型

企业一般应制作以下五种资料信息卡。

1. 客户资料卡

即记录客户信息的卡片，包括客户名称、地址、负责人、主要经营项目、主要联络人和与客户的交易额、资本额以及与本公司业务往来情况等，这是记录客户信息资料的最主要方式。通过记录这些资料，便于在工作中及时查找客户信息。

2. 客户管理卡

客户管理卡，就是对客户资料进行有效管理的卡片。相对于客户资料卡而言，客户管理卡更为具体、详细，涉及的范围更为广泛。

客户管理卡一般包括：公司名称、地址、法人代表、主要领导、资金状况、信用状况，甚至包括销售额、不动产等内容。

3. 客户地址分类表

做客户地址分类的目的是便于使用、查找。标准的客户地址分类一般包括客户名称、地址、经营类别、所在地区、负责人以及不宜访问的时间等。

4. 客户等级分类表

在客户服务过程中，还需要做一个客户等级分类表。根据情况，可以把自己的客户分成几个等级。如把自己的客户分成重要的、一般的和不重要的。当然，客户没有好坏之分。这样做的目的是通过区分不同的客户，以便采取有针对性的服务。

5. 客户投诉记录表

企业要做好售后服务管理工作，不能缺少客户投诉客户管理。客户的抱怨和投诉是企业进步的机会，获知客户的反馈是非常重要的。因此，企业应建立客户投诉系统，对每一位客户投诉及处理都要做出详细的记录，包括投诉的内容、处理过程、结果、客户满意情况等。

这样做的目的是全面收集统计和分析客户的意见，不断改进客户投诉处理办法，并可将获得的信息整理后传送给其他部门，以便及时总结经验教训，为将来更好地处理客户投诉提供参考。同时，客户投诉记录表可以使企业更快地提高质量和客户服务质量，减少客户投诉。

表 3-1-6　客户投诉记录表

<table>
<tr><td colspan="2">客户</td><td colspan="2"></td><td colspan="2">客户性别</td><td></td></tr>
<tr><td colspan="2">名品及规格</td><td colspan="2">单位</td><td colspan="2">交货数量</td><td>金额</td></tr>
<tr><td colspan="2"></td><td colspan="2"></td><td colspan="2"></td><td></td></tr>
<tr><td rowspan="3">客户投诉内容</td><td>投诉理由</td><td colspan="2"></td><td colspan="2">投诉受理情况</td><td></td></tr>
<tr><td rowspan="2">客户要求</td><td>赔款</td><td>折价</td><td>退货数量</td><td>金额</td><td>投诉受理情况</td></tr>
<tr><td></td><td></td><td></td><td></td><td></td></tr>
<tr><td colspan="2">经办人意见</td><td colspan="5"></td></tr>
<tr><td colspan="2">营业部门意见</td><td colspan="5"></td></tr>
<tr><td colspan="2">制造部门意见</td><td colspan="5"></td></tr>
<tr><td colspan="2">质检部门意见</td><td colspan="5"></td></tr>
<tr><td colspan="2">财务部门意见</td><td colspan="5"></td></tr>
<tr><td colspan="2">副总经理意见</td><td colspan="5"></td></tr>
<tr><td colspan="2">总经理批示</td><td colspan="5"></td></tr>
</table>

小　技　巧

客户资料卡的制作

1. 客户资料卡的制作

在制作客户资料卡时，将其周围钻上小孔，利用这些小孔，可做地区分类、企业规模分类、行业分类、营业规模分类、信用额度分类等。通过这些各式各样的分类，按不同的用途来排列客户资料卡，可以使经营管理政策的制定做得更好。

2. 客户分类

客户信息管理的对象是客户及其相关信息。为了有效管理，需要对客户进行分类管理。客户分类可以按不同的方法进行，常用的分类方法主要有以下几种：

第一，按客户的性质，可以划分为政治机构（以国家采购为主）、特殊公司（如与本公司有特殊业务等）、普通公司、顾客个人和合作伙伴等。

第二，按交易过程，可以分为曾经有过交易业务的客户、正在进行交易的客户和即将进行交易的客户。

第三，按时间序列来分，可分为老客户、新客户和未来客户。

第四，按交易数量和市场地位来分，可分为主力客户（交易时间长、交易量大等）、一般客户和零散客户。

按照不同的方式划分的不同类型的客户，因其需求特点、需求方式、需求量等均不同，对其管理也要采取不同的方法。

四、客户信息整理与分析

信息采集基本完成后，之后就需要对客户信息进行研究分析，最后找出客户最关心的问题。

（一）客户信息整理方法

信息整理最主要的方法就是对信息进行归纳总结、对比分类、挑选删除。

1. 归纳总结

对某一类相似原因或答案的问题进行归纳，将它们放在同一类别内。如顾客对产品的哪些问题感兴趣，各行业总会关于产品的价格、质量、包装、促销的政策等，这是相似答案，还是相似原因？例如，同是客户对产品价格不满，这里面的具体原因有很多，如与其他企业价格相比本企业价格过高而导致顾客对价格不满、相对于顾客身份过高或过低的价格而产生的对价格的不满、相对于过去产品价格增幅或降价过快而导致的对价格不满等。

2. 对比分类

虽然对比分类与归纳总结在某些方面有些重合，但它们的立足点是不同的。归纳总结是通过找相同的因素而寻求出问题的原因，对比分类则是通过找不同的因素寻求问题的原因。例如，顾客为什么购买竞争对手的产品，这就需要对比本企业与竞争对手在产品价格、产品质量、产品服务等多方面的不同来寻找原因。

3. 挑选删除

挑选删除的目的是把本企业和竞争对手以及和顾客期望值距离较远的项目挑选出来并且删除它。它包括两方面的工作，一是如果不能够弥补不足，就需要在客户服务中进行有意识地规避，并且想好应对方法。二是对这一不足进行弥补，达到与顾客期望值吻合甚至超出的水平。

（二）客户最关心的问题

通过上述分析之后，企业可以找到客户最关心的问题。对于这些问题，如果企业不能找到解决办法就会失去客户，因此需要特别注意。对于其他一些问题，特别是某些不切实际的客户关心的问题可以不去理睬。毕竟要满足所有层次的客户是不可能的事情,企业需要的是质量最好的客户。

每个企业都应该根据本公司的特点进行市场信息收集、信息的研究和分析、找出客户最关心的问题这三项工作,只有这样才能把客户研究透。

(三)客户管理分析

客户管理分析的流程主要包括整理资料、销售业绩分析、划分客户等级、客户名册登记、对客户进行路序分析、确定客户访问计划和客户资料管理等内容。

表 3－1－7　主要客户分析

主要客户名称	主购品牌	本月购量	上月购量	形成差异原因
审核:		统计:	日期:	年　月　日

五、客户信息利用

客户信息利用是客户信息管理的重要组成部分,是实现客户价值的重要手段之一。客户信息可以用来作为决策者制定营销策略、公司战略和各种客户决策的参考依据,从而吸引新客户,保留老客户,使企业在市场中保持优胜地位。

在对收集的客户信息进行相关整合和处理之后,对信息进行分析可以使企业掌握客户基本情况和业务往来情况,了解各种客户为企业带来的利润的多少和贡献的大小。然后可以根据客户分布以及购买的金额、频次、周期、客单价等对客户进行细分,进行分类管理;还可以了解现在的客户是不是休眠客户,划分客户等级,设置不同的客户等级制度和有效期以及不同等级制度的门槛与优惠政策等。客户信息还可以用来分析各种数据,比如客户业务数据分析、客户分类、客户忠诚度及满意度分析、客户利润分析、客户前景分析等。

跨境客户维护包括“维”和“护”两个层面,即维持双方关系不被客户遗忘,呵护双方情感信任,增加客户的忠诚度。其主要思想是在对跨境客户信息进行分析之后，以产品为载体，有的放矢，维系双方关系，促使购买。在维护的过程中，我们需要加强跨境客户对店铺的认知度，提高客户的满意度，呵护双方情感，建立信任，赢得客户的忠诚度，使得客户再次购买。在掌握和了解了我们所有的跨境客户信息之后，就要利用这些信息与客户进行互动和交流。客户是用来关怀的，不是用来打扰的，只有和客户建立起情感上的信任，客户才会成为我们的忠实客户。

（一）维护 VIP（贵宾）会员

VIP 会员是企业最大的财富，他们的人数虽然不多，但购买力强大，将这些客户群体维护好，使其成为企业忠实的客户是客户信息管理中的头等大事。为了和 VIP 会员之间建立起直接的联系，企业可以建立一个 VIP 会员的交流群，通过这个群来交流感情、传达促销信息，维护 VIP 会员群体。为了让企业的 VIP 会员有更加被尊敬的感觉，让他们更加重视这个 VIP（贵宾）资格，除了跨境平台系统提供的折扣优惠之外，企业可以为他们发放专门的会员卡，并且每年都进行一次评估，使他们在符合 VIP 会员的情况下，能够享受到除平台外的店铺优惠。

（二）生日与节假日关怀

客户信息维护的核心是关怀，对客户进行生日关怀、节假日关怀是拉近客户关系、提升年度与品牌影响力的重要手段。

企业可以在跨境客户生日的时候发送生日祝福的短信或者邮件，在节假日来临之际，给客户发送节假日短信；在跨境客户购买发货后发短信提醒客户，在客户收到货使用两周后询问客户的产品使用效果；在会员卡到期发送短信或邮件提醒，这些都是非常有效的客户关怀方式。

如果我们使用的客户信息管理系统功能足够强大，在之前准确收集客户信息的基础上，我们可以开展更加深入的客户关怀。如某母婴网店通过了解客户小孩的年龄和购买奶粉的数量，能够较准确地计算出下次需要购买的时间，并且在奶粉即将吃完的时候，自动给客户发送提醒再次购买的信息，这样的关怀与营销效果会特别好。

当我们对跨境客户进行维护时，需要注意维护的内容和频率，不要急功近利，不能频繁发送邮件，以免对客户造成干扰。我们可以根据人的记忆周期规律，抓住时间点，结合与客户接触的事件进行维护。例如，当客户下单后，我们在第一天发出相关产品推荐,第二天告知货物状态及定向优惠券,第四天告知货物照片及店铺活动,第7天告知物流状态及优惠券使用提醒,第15天更新物流状态及节假日问候。

六、跨境客户关怀与营销

企业搜集客户信息、分析客户信息的最终目的是帮助企业营销,确切地说就是帮助企业保留客户、开拓市场,从而提升销售额和市场份额,使企业在激烈的市场竞争中占一席之地。企业可以根据经过分析了的客户信息有针对性地主动与客户沟通,从而建立合作关系。跨境电商卖家通过邮件、短信、电话、EDM(电子邮件营销)等方式进行客户关怀和精准营销,包括生日与节假日关怀、使用售后关怀、购买提醒、精准的促销活动推送等,从而建立长久的客户关系。

(一)电话回访

电话回访是客户感受度最好的营销方式之一,准确率和转化率非常高,也是平均成本最高的一种方式。这种方式使用率比较少,适合与VIP(贵宾)客户之间沟通,会让客户感觉受到重视。但在跨境电商中,由于存在时差,买家接电话可能不太方便,而且由于双方语言的差异,口头沟通未必顺畅,故一般较少采用电话回访这一形式。

(二)短信营销

短信营销成本较低,且准确度较高,一般短信的送达概率及客户查看的概率在营销方法中是偏高的,但整体的转化率偏低,具体转化率需看活动力度。短信营销需要注意控制字数,所有信息尽量在一条短信内写完,如果分成两条发送,成本就会提升一倍。另外,发送频率不要过高,否则会被视为骚扰短信。

(三)电子邮件营销(Email Direct Marketing,EDM)

在这类营销中,企业可以通过使用EDM(电子邮件营销)软件向目标客户发送EDM邮件,建立同目标客户的沟通渠道,向其直接传达相关信息,用来促进销售。EDM软件有多种用途,可以发送电子广告、产品信息、销售信息、市场调查、市场推广活动信息等。此种营销方式成本较低,客户可以直接点击页面,因此客户查看的概率比较高,活动转化率也比较高。在跨境电商平台,可以通过客户信息管理工具的信息通道给不同等级、不同标签和条件的客户发送站内信息和优惠券。采用此方法，我们首先需要进入后台设置需要进行营销活动的会员条件，系统显示符合条件的会员，我们再设置营销内容，通过消息通道系统发送到对应会员的邮箱。在设置营销内容时，可以直接选择商品，由系统自动生成内容，也可以自己编写，设置漂亮的营销活动页面发送给自己的会员。邮件营销是成本最低、监测效果较好、信息包含量最大、应用范围最广泛的营销方式。邮件营销需要进行详细的活动策划、页面设计，并建立专门的邮件服务器和监控反馈系统。

（四）SNS（社会化网络服务）营销

SNS（社会化网络服务）指旨在帮助人们建立社会化网络关系的互联网应用服务，包含 YouTube，Google + 等社交平台。作为一种新兴的营销方式，SNS 营销可以满足企业不同的营销策略，有效降低企业的营销成本，实现目标用户的精准营销，维护客户多、互动性强，是现代很多企业用来传播企业文化，进行推广营销的重要工具。互联网上 SNS（社会化网络服务）社区越来越多，最具影响的有 Facebook 新浪微博，现在越来越多的企业都在 Facebook 上注册信息，建立官方微博，与客户和网民互动，一方面传播企业文化，另一方面进行客户信息管理与营销。通过对微博的关注，客户可以了解企业动态、文化背景、最新促销，并且发表意见。通过这些社交平台，跨境电商企业和客户之间的沟通可以更加透明、平等，并且更具有传播性和趣味性。

七、更新客户信息库

客户是企业的利润之源，是企业发展的动力。客户服务的目的，就是满足客户的各种需求、保证客户与企业之间的长期合作。客户的需要不是一成不变的，随着时间的推移和角色的转换，企业的客户群体也在发生着变化，企业必须“因地制宜、因时制宜”，不断做出相应调整。调整点不仅仅是客户最终想要的产品与服务，还包括“周边”的某些服务。

企业在经营的过程中，一定要主动获取客户的信息。许多以客户为中心的公司指派专业市场调研顾问研究顾客的需求，但实际上，企业自身的客户档案才是了解客户情况的第一手材料。

（一）将尽可能多的客户名输入到数据库中

企业可以聘用外部机构来完成数据的审查与输入，并与同行业的一个不具有竞争力的企业交换客户名单。

（二）大量收集客户的有关的信息

企业可以采用“滴灌式对话法”，每次与客户接触时，询问1～2个问题。客户的信息会反映客户的真实需求，所以企业需要了解客户需要什么、客户为什么会选择自己的产品、合作中客户能获得什么好处、客户还希望获得哪些利益、客户更关注的是什么等多方面的客户信息。

对于一些重要客户，企业不仅要研究客户本身的市场情况、经营情况，还需要对客户所处的环境、市场竞争情况等有所了解，并在此基础上提供给客户一些力所能及的服务和产品。

（三）及时更新客户信息

及时更新客户信息是指定期或不定期地“净化”客户信息文件，验证信息的正确性，修改错误或过时的信息，注重地址、联系办法等方面的变更，及时更新信息。

> 小　技　巧
>
> 与客户保持主动联系的方法
>
> 第一，扮演成“神秘客户”，对企业的客户服务质量进行“试探性”的调查，尝试8～10种不同的情况，对感觉和意见进行电话记录。
>
> 第二，给竞争对手的客户联系部门打电话，比较服务水平的不同。定期重复这一工作。
>
> 第三，提供特价、清仓处理、试用等产品或服务的促销活动信息，把客户打来的电话作为一次销售机会。
>
> 第四，测试客户服务质量，努力使客服更友好、更能有帮助作用，处理速度更迅速，缩短客户排队等候时间。对企业内记录客户信息的文本或纸张进行跟踪，简化烦琐的步骤，缩短处理周期，提高客户响应速度。
>
> 第五，识别商业价值高的客户，与他们保持更主动的联系；提供个性化的服务；指定专人与客户方的联系人进行联络；尝试找回过去失去的重要的客户，说明可以重新开始合作的原因。
>
> 第六，收集客户的E-mail地址，保持联系；向客户提供多种可行的联系渠道，考虑使用自动传真系统，将客户信息存入到数据库中。
>
> 第七，把每天接到的反馈进行整理和分析，提高对客户反馈进行处理的“一次即圆满”的比例。

项目二　跨境客户分类管理

市场是企业的生存命脉，好的产品如果没有好的市场人员、好的客户服务人员等于自我欣赏，丝毫不能体现其商品价值。而在市场运作的过程中，市场开发是龙头，客户服务则是关键。跨境客服专员需要对其负责店铺的现有客户进行分类，以便为不同类别客户制定相应的服务与维护方案。

随着互联网信息技术的发展，网购成为人们生活的重要组成部分。购物方式的改变，使得客户在企业间的选择成本大幅降低，流动性增强。为了更好地发展，越来越多的跨境电商企业开始重视客户的不同需求。对于企业而言，资源是有限的，客户是不同的。企业如果能有效利用客户信息对客户进行准确的识别，那将会助力企业更好地发展。客户价值是评价客户对于企业重要性的一个标准。企业可以根据客户最近消费时间、客户消费频率、客户消费金额和客户关系持续时间来综合评定客户价值。随着跨境电商企业的经营积累了一定的客户消费数据后，有效的评定客户价值将有利于跨境电商企业集中资源，大力发展高价值客户。

在跨境电商时代，企业的运营管理依托于互联网，企业与客户不直接面对面接触，但是企业可以轻松得到客户在电商平台的所有操作行为。客户交易数据是电商数据的重要组成部分，它主要记录了客户在该电商平台所购买的商品信息、购买商品的时间信息以及部分客户的个人信息，如快递地址、商品颜色及尺码等。交易数据是客户消费行为的一个重要记录，消费行为是客户价值的一个体现，是客户对该品牌忠诚度的一个体现，大量的数据暗示着客户的价值。客户的交易数据包含了客户的消费偏好行为以及客户的未来消费趋势。

客户价值由客户既成价值和潜在价值组成。前者指的是客户的消费行为为企业带来的直接利润，后者指的是客户可能为企业带来的收益。

客户的消费金额是企业关注的第一要点，直接反映客户对企业的收益的贡献度，是客户的既成价值。除此之外，在电商活动中，客户从挑选商品到最终购买商品，可能产生的企业可以获得又能体现客户价值的行为数据主要包括：订单价格、订单商品品类、下单时间、是否晒单、评价好坏、是否评价等。从上述行为数据中，企业可以通过统计汇总得到包括客户关系持续时间、一段时间内的客户消费频率、一段时间内的客户平均消费价格、客户的需求结构、晒单率、好评率等，这里的大部分数据都可以体现客户对企业的忠诚度，是衡量客户潜在价值的标准。在跨境电商实践中我们发现，客户在企业消费的商品品类越多，客户的既成价值和潜在价值会相应增加。此外，促销活动是电商运营的一个重要组成部分，客户对于活动的参与度也是衡量客户价值的一个标准。

对客户进行合理分类是现代企业客户关系管理的一个重要组合部分。通过上述衡量标准综合评定，将跨境电商客户大致可以分为四大类，并根据每类客户特点给予相应的客户管理策略。大数据时代，科学有效的利用数据资源，能为企业运营管理提供有效支持。

一、核心客户

核心客户的关系持续时间长久，一般都在两年以上，对于该品牌所有品类几乎都购买过，忠诚度较高，而且在该品牌的交易次数明显高于其他三类客户，在消费金额上也高于其余几类。除此之外，这类客户还在近期有过消费。这类客户的消费频率趋势是明显上升的，表明该类客户会继续在该品类消费，但是在消费金额上，趋势上比较平缓。核心客户是一个企业最重要的客户资源，他们往往数量不大，但是忠诚度比较高，可以为企业带来稳定又较高的销售额。对于这类客户，企业应该着重提高这类客户的满意度，关注该类客户的特殊需求，继续保持这类客户的高频率消费，并且加强与这类客户的沟通，了解这类客户消费金额没有继续上升趋势的原因，保持这类客户的高频率、高金额的消费趋势。

二、潜力客户

潜力客户的关系持续时间较短，但是在短期内有消费行为，所以这类客户是新客户，消费频次低于平均水平，但是呈增长趋势，消费金额高于平均水平，也呈现增长趋势，并且趋势比较明显。这类客户对促销活动的参与度比较高，目前消费的商品品类数量较低。潜力客户是成长型的客户，在一个电商企业中，这类客户的占比较大，他们往往会因为网店推出新的款式，参与某些促销活动而成为该品牌的客户。这类客户目前的忠诚度较低，但是是发展成为核心客户的主力军，对于这类客户企业应该关注这类客户购买之后的评论等反馈意见，主动为这类客户推送促销活动信息，提供更好的服务水准，使之升级成为企业的核心客户。

三、临时客户

该类客户与企业的交易持续时间低于平均水平，而且已经很长时间没有再消费、消费频率、消费金额都低于平均水平，对品牌活动参与度较低，消费商品类别数较少，对企业的贡献价值也不高。对于这类客户，企业可以减少关注度。

四、长期客户

这类客户与企业的交易关系持续时间比较久，但是消费频率一般，在一段时间内有过消费行为，消费频次保持得比较稳定，消费金额低于平均水平，并且呈现下降趋势，且趋势比较明显，活动参与度一般。这类客户属于比较稳定的客户，对于这类客户，企业应该引起重视，重点关注，了解这类客户消费金额明显下降的原因，从产品推荐、客服服务质量等各方面提高这类客户的满意度，从而提高客户的消费金额和消费频次，将这类客户发展成为核心客户。

模块四　跨境客户的满意度管理

学习目标

知识目标:

1. 了解跨境客户满意度的内涵
2. 了解跨境电子商务客户满意度的影响因素
3. 了解提高客户满意度的主要方法
4. 掌握跨境订单在不同阶段客户服务的主要内容

能力目标:

1. 掌握跨境电子商务与传统商务客户满意度的区别
2. 理解跨境电子商务客户满意度的表现特征
3. 能够明确跨境客户满意度五大影响因素的具体内涵
4. 掌握在跨境电商交易中的有效沟通方式与技巧
5. 掌握避免和解决跨境电商交易中差评的方法与技巧
6. 掌握避免和解决跨境电商纠纷的方法与技巧

项目一　跨境客户满意度的内涵

专业的产品开发队伍是跨境电商的起点,物流配送是跨境电商的关键环节,稳定可靠的货源是跨境电商成功的保证,优质的客户服务及售后处理是跨境电商成功的关键。这些资源的有效配置构成了一个较为宽广的服务平台,保证了客户在产品购买及使用过程中的满意度。简言之,提供更优质、更具有价值的产品,以及更细致入微的客户服务是确保客户满意度的重要内容。

一、跨境客户满意度的概念

（一）客户满意度的界定

客户满意度是由客户购买和使用后对产品的判断（或者说"实际产品"）与客户对其购买产品的预期（或"理想产品"）的吻合程度来决定的。用公式来表示为：

客户满意度＝实际产品感受－理想产品预期

"理想产品"是客户心中预期的产品，客户认为自己支付了一定的数量的货币，应该购买到具有一定功能、特性和达到一定质量标准的产品；而"实际产品"是客户得到产品后，在实际使用过程中对其功能、特性及其质量的体验和判断。

如果"实际产品"劣于"理想产品"，那么客户就会产生不满；如果"实际产品"与"理想产品"比较吻合，客户的期望得到验证，客户就会感到满意；如果"实际产品"优于"理想产品"，那么，客户不仅感到满意，而且会产生惊喜。

（二）客户需求与隐含期望

让客户满意的关键是要理解哪些东西对客户来说是重要的，并且要尽量满足客户的期望（如果不能超过的话）。这些需求不仅仅是相关的产品或服务，许多产品之外的因素都会影响到客户的满意度。

对于企业来说，深刻理解客户的期望和需求是很重要的。企业是通过满足和超过客户的期望、迎合客户的需要来创造客户满意度的。

花些时间来考虑一下客户与企业进行交易时所交换的东西是有用处的。客户购买一件产品或者服务的时候会放弃某些东西。通常货币的支出是最明显的，但还有许多其他的东西。花在搜索、比较可替代品和进行购买上的时间和精力都必须被考虑到。认识到客户的需求存在于几个不同的水平上也很重要，而且为了取得客户满意度，就必须将注意力投入到满足各种不同水平的顾客需求上，从基本的产品和服务，到员工与客户的互动，到造就客户良好的感受。

(三)满足客户期望

企业可以提高客户获得的价值,或者通过减少客户的货币或者非货币形式的成本,或者通过某种方式增加客户所得到的价值。

如果客户的期望得到了满足,一般来说就会满意了。如果超过了这种期望,客户就可能表现出很高的满意度。很显然,在与服务提供者的互动中,客户会优先考虑某些方面的期望。

一些期望只在没有得到满足的时候才会浮出表面,这些期望通常被理解为必然的或者是理所当然的可以获得的。为了让客户真正满意,甚至成为回头客,再或者会对企业进行正面口头宣传,企业所做的必须超过客户的期望。

二、客户满意度的特征

(一) 主观性

客户满意度是客户的一种主观感知活动的结果,具有强烈的主观色彩。因此,对客户来说,满意与否以及满意的程度,最先会受到主观因素的影响。如经济地位、文化背景、需求和期望及评价动机,甚至地方性的好恶、性格、情绪等非理性因素都会对客户满意度产生影响。

(二) 客观性

客户满意度是客观存在的,并且不以企业、客户的意志为转移。也就是说,客户一旦接受了企业提供的产品(包括售前服务,如广告宣传之类),就有了一个满意度的概念。不论组织是否对此加以关注,是否去进行调查,客户的评价总是客观存在的,不受人为因素的改变。

(三) 比较性

客户满意度是客户期望与客户感知相比较的产物,客户满意度的比较,可以是横向比较,也可以是纵向比较。但比较是有限的,因为在某些情况下,不同的客户对同一个影响其满意度的因素的期望与感知不尽相同。

（四）模糊性

由于客户满意度是一种主观感知、自我体验和情感判断，这种主观感知或情感判断，带有许多“亦此亦彼”或“非此非彼”的现象，即模糊现象。同时，客户满意度也是有差距的，但究竟差多少，也是相当模糊的，是难以精确和量化的，如很难界定“满意”和“较满意”的差距究竟有多大。

（五）差异性

客户满意度往往因客户属性（自然属性、社会属性、消费属性等）、企业属性、行业属性、部门属性以及产品和服务属性的不同而不同。

（六）全面性

客户满意度是对企业及企业提供的产品和服务的评价，它是全面的而非只针对某一质量特性而言的。任何一个质量特性或服务环节出现问题，都会引起客户的不满意。

（七）动态性

客户满意度形成后并非一成不变。相反，由于客户需求具有变化性，客户满意度会随时间的推移、技术的进步、整体环境素质的提高而发生变化。同时，企业的优势也会相应发生变化，随着社会经济和文化的发展，客户的需求和期望也会相应提高，客户满意度也会发生变化，甚至从满意转为不满意。

三、跨境电子商务客户满意度概述

跨境电子商务是基于网络发展起来的，网络空间独特的价值标准和行为模式深刻地影响着跨境电子商务，跨境电子客户满意度的评价标准因互联网特有的虚拟性以及跨境特性也发生了新的变化。跨境电子商务的客户满意度不仅要考虑在传统实体交易行为中已经存在的诸如商品、服务等影响客户满意度的因素，而且要把互联网自身的特质以及跨境贸易因素对客户满意度产生的作用加以考虑。

作为电子商务活动的重要形式,跨境电子商务方式与传统实体经济商业模式在某些方面有着明显的不同,具体表现为如下几个方面:第一,在传统的商业交易行为中,买卖双方是进行直接接触的,买方可以对卖方和商品有直观的感受,而在跨境电子商务的交易方式中,买方和卖方是通过一个平台来建立联系再进行交易的,如速卖通、敦煌网等。买家无法对商品进行全面的了解,只能通过文字描述和图片介绍来了解商品。第二,自然环境对跨境电子商务的影响较小,传统实体经济则对所在的商圈的环境依赖度较大。第三,在交易方式和物流配送方面,跨境电子商务不像传统实体经济一样采用银货两讫的方式,通常是先付款后交货,并通过物流交付。所以,影响跨境电子商务满意度的要素要更加多元化,有些是实体经济从来没有涉及的因素在起作用。

四、跨境电子商务环境下客户需求的新特点

在跨境电子商务环境下,企业的决策信息大多来自互联网客户与企业的交易活动、客户对产品或服务的反馈或者企业通过互联网对客户进行的网上调查,得出客户满意度的大体评价。企业可以针对这些问题进行改进,以便向客户提供符合客户需要、有质量保障、交货及时、价格适当的产品与服务,提高客户满意度。

在跨境电子商务环境下,客户需求具有以下新特点:

(一)选购范围广

传统的购物模式局限了客户选购地点、时间和产品种类,在电子商务环境下,客户可以通过互联网在任何时间对在任何地点的产品进行挑选、比较,做出较理性的消费行为。

(二)个性化、多样化

在互联网发展起来之前,人们的消息闭塞、想法单一,人们对于产品的要求比较少,所购产品较统一。但随着社会的发展、技术的进步,人们的生活水平在逐步提高,获得消息的途径越来越多,想法也发生了巨大变化。客户的消费需求也从低成本转变到了个性化、多样化。在电子商务环境下,企业可以根据客户的个性需求来定制多样的产品。

（三）及时性

电子商务的发展使客户需要及时得到了满足，客户可以与企业之间联系，省去了诸多中间环节。客户可以通过意见反馈或与企业交流把自己的需要提出，以便及时得到满足。

小　案　例

Allen 是 DHgate 敦煌网上专门批发零售各种品牌笔记本电脑电池、键盘、充电器及笔记本系列周边配件的卖家。

鉴于国内的国际快递代理大都规模小、运营粗放，最初 Allen 公司的国际包裹快递选择中国邮政的 EMS 的“代理”，多数包裹快递需要 7 天到达，有时因为快递公司或海关报关单填写问题，常常会延误几天。

跨境电子商务最终要把产品快速地交给客户，选择良好的快递物流供应商是成功的先决条件。经综合考虑，公司最终选择中国成立最早、规模最大的电子商务专业快递公司——三态电子商务为国际快递提供商。因为三态电子商务对国际快递的报关流程很熟悉，Allen 公司的产品（例如电池）从来不会被快递公司或海关耽误，包裹在 2 ~ 3 天内送到，而且价格非常便宜。甚至公司的大部分产品都变成“免运费”（Free Shipping）。这样彻底解决了由于运输延误造成的买家差评（Negative Feedback）和退款（Refund）问题，提高了客户满意度。

例如，笔记本电池如果用 EMS 邮寄就十分昂贵，20 公斤的笔记本电池快递到美国需要人民币 3165 元。三态电子商务的运费只需要 860 元，相当于 EMS 的 2.7 折，而且通关顺利，从未延误，三天就到达客户手中。三态电子商务把笔记本电池做成 4 ~ 10 个一组的“免运费套餐”，每个电池只分担少量运费，十分受买家的青睐。

由上述案例可见，跨境电子商务的交易环节与传统贸易发生了较大的变化，跨境客户更加追求个性化、多样化，跨境电商企业要充分了解新环境下客户的新特点，在物流、支付方式、个性化服务等方面考虑客户的感受，迎合客户的需求，提升客户的满意度。

项目二　跨境客户满意度的影响因素

跨境电商企业为了让买家获得较好的购物体验,应十分重视对各方面的细节处理。客户,因对产品不满意而提出退货要求。经与客户多次沟通协商,最终跨境电商企业同意了客户的要求。

跨境电子商务是一项复杂的商业模式,它有别于传统的消费模式,除了商品本身的特性,一些互联网特有的、非商品本质的要素也影响着客户的满意度。跨境客服怎样查看客户评价?如果收到差评,可以怎样处理?如果收到中评或好评又该如何处理?通过这些评价,如何提高跨境客户的满意度?

客户满意度是客户对产品或服务的期望值同实际感知质量相比较后所产生的某种情绪,是基于物质感知的心理状态。客户的满意度决定了网络购物的重复购买率。

跨境电子商务是一项复杂的商业模式,它面对的是不同类型的客户个体及其不断变化的需求。一个不经意的疏忽,就会失去一个潜在的客户,如果这个客户将他的不满向其他人宣泄,这种不满的情绪会逐渐蔓延开来,一种不信任感就会产生。有别于传统的消费模式,除了商品本身的特性,跨境电子商务具有的一些互联网特有的、非商品本质的要素也影响着消费者。

跨境电子商务客户满意度影响因素主要包括以下几方面,见表4-2-1所列。

表4-2-1　跨境电子商务客户满意度影响因素

跨境电子商务客户满意度影响因素	网站(平台)特性	网站设计的友好性;分类检索的便利性;网站服务器的稳定性;网站信息质量
	网店情况	商品的种类;商品的更新速度;商品是否与实物相符;商品的分类是否明晰;商品的价格
	客户服务	对于客户询问的响应;商品的退换;个性化服务;商家的信誉度
	支付方式	交易方式的种类;交易方式的安全性;客户隐私的保护
	物流配送	配送方式;配送时间;包裹的完整性

一、网站(平台)特性

客户与跨境电商卖家通过网站平台进行交易,客户对平台网站的满意度直接影响其对跨境电商的整体满意度。网站设计的友好性、分类检索的便利性、网站服务器的稳定性和网站信息质量是平台网站(如速卖通、敦煌网等)影响客户满意度的因素。

(一)操作过程的便利性

操作过程包括网页登录、购物导航、网站商品的分类、购物车功能等诸多方面。操作过程是否便利会对客户满意度产生影响。网上商家众多,且提供的商品各异,客户要从海量的网站信息中用最短的时间找到自己需要的商品,就要求网站的登录、导航服务和商品分类便于客户寻找。购物车功能是网上商店里一种快捷购物工具,可以使客户暂时把挑选的商品放入购物车,以删除或更改购买数量,或者对所挑选的相同商品进行比较和筛选,并对多个商品进行一次性结款。网站信息的质量也是极其重要的,网站要杜绝虚假不实的信息,保证买卖双方的利益不受侵害。如果操作不够便利,将会影响到客户在购买过程中的体验,进而影响客户满意度。

(二)网页的设计

网页的设计包括网站的风格、色彩、文本、图片、主题等元素的运用。友好且具有创意性的网页设计能够使客户对商家产生深刻印象和积极的评价,这些都将会影响客户对商家的态度,因而会影响到客户的满意度。

网站设计的友好性、分类检索的便利性、网站服务器的稳定性是跨境电商平台网站(如速卖通、敦煌网等)影响客户满意度的因素。客户与跨境电商卖家通过网站平台进行交易,客户对平台网站的满意度也直接影响其对跨境电子商务的整体满意度。网站设计的友好性,是指网站页面设计的整体风格便于客户浏览操作。分类检索的便利性,是指平台网站对所有的注册商品的分类情况,详细的分类目录可以帮助客户更加便利地找到自己需要的商品。跨境电子商务客户的数量是极为庞大的，作为平台网站有责任提供并维护优质的网站服务器。因此网站服务器的稳定性对避免大量 IP 浏览造成服务器过载，影响客户的浏览和交易活动是极为重要的。在电子商务活动中，网站信息为客户提供信息服务也是非常重要的。客户会主动搜寻自己需要的商品信息，同卖家互动交流、获取商品信息，或者从网站获得有关商品的信息，以此作为依据做出购买决策，同时，购物网站作为买卖双方交易的平台，有义务对网站出现的买卖双方以及商品的信息质量进行监管，杜绝虚假不实的信息，确保买卖双方的利益。

二、网店情况

（一）网络信息

网络信息是网络购物过程中重要的组成因素，客户通过购物网站或商家获得的有用、准确的信息能够帮助他们做出决策并使整个购物的过程更加便利，客户通过衡量获得信息的质量，对购物网站或商家的满意度做出判断。

网络购物与传统购物不同之处就在于客户在选购商品时，不能通过看或触摸真实的商品来感知商品的质量等特性，只能通过商家提供的信息对商品大概了解。在选购商品过程中，客户希望能够获得更多的关于商品的可靠信息，并在此基础上做出购买与否的选择。网上购物最大的缺陷就是不能实际接触到商品，因此不能保证商品的质量，只能靠商品的信息描述来判断和衡量。信息描述和实际商品的一致性会被客户看得格外重要，只有描述一致，才能满足客户的心理预期。商家不能为了吸引客户眼球而任意夸大自己商品的优势，只有描述与商品一致，才能保证客户的满意，使其再次光顾。因此，商家所提供的产品信息的质量、完整性、可靠性就影响着客户是否会选购该商品的意愿，从而影响客户的满意度水平。

（二）交易商品

商品是客户在整个购物行为中最关注的方面，购买商品是购物行为的最终目的。如果，跨境电子商务仅仅为客户提供一种有别于传统商务模式的全新的购物体验，但是商品本身却没有达到客户的要求，这样的新的商业模式也是失败的。

客户在进行网上购物的时候,其最终目的依旧是购买到能使自己满意的商品。而目前使网上购物客户不满意的因素中,商品品质问题是造成网民网购不满意的主要原因。其中包括商品与图片不符,即卖家提供的产品质量不过关,商品是仿冒的或者是伪劣残损物品等。因此,客户对商品的传统要求,如质量、价格、品种等,在跨境电子商务过程中仍然起着重要作用,同时影响客户的满意度。在电子商务中,由于产品质量的未知性,产品价格的差异性就成了消费者网上购物进行选择的主要原因,产品价格影响客户心目中的性价比,性价比高的,客户才愿意承担一些风险去购买产品。如果第一次购买产品后经过质量与价格的比较,获得的满意度高,消费者才会愿意下次继续购买。商品因素中的质量和价格是影响客户满意度的主要因素。

三、客户服务

(一)售前售后服务

售前对于客户互动需要的响应、售后商品的退换等都是网络购物前后影响客户满意度的因素。网络购物过程中,客户通常会根据商家的信誉度来选择商家。由于信息的不对称,客户希望在购买之前能够更多地了解商品的情况,商家应该能及时对客户的询问做出响应。如果商家向客户提供定制化的服务,满足客户的特定需求,将会促进客户产生重复购买行为。在虚拟环境中的交易,退换商品的过程比较复杂,这也是影响客户满意度的重要因素之一。

(二)商家信誉

商家信誉是商家在网络购物环境中生存的重要保障。商家信誉好则表示商家的行为得到客户的公认好评,如恪守诺言、实事求是、产品货真价实、按时付款等;而商家信誉差则表示商家的行为在公众中印象较差,如欺骗、假冒伪劣、偷工减料、以次充好、故意拖欠货款等。良好的信誉是商家的一张王牌,可以使商家在市场竞争中取得事半功倍的效果,在消费者进行网络购物决策之前,往往会先考察该网店的信誉度。如果一家网店的信誉比较好,客户往往更愿意进行选择,就如同品牌的功效一样，当客户通过它买到中意的商品，将大大提高客户满意度，并且有可能会促成下一次的购买。因此商家信誉会对网络购物的客户满意度有影响。

（三）个性化服务

个性化服务是一种有针对性的、一对一的服务方式，依据客户的设计来实现，通过各种渠道收集资源，并对其进行整理和分类，然后向客户提供和推荐有关信息，以满足客户的需求。具体到电子商务环境中，个性化服务是指网站为单个客户提供与其需要相匹配的产品、服务和交易的环境。网络购物最大的好处就是可以满足客户各种各样的需求，也可以让客户买到很多在外面实体店里买不到的商品，相对于其他的电子商务模式，跨境电子商务更能满足客户的个性化需求，所以客户选择网上购物很大一部分是考虑到自身个性化的需求，网店对于客户的个性化服务将显得异常重要。众所周知，每个人的兴趣、爱好和需要是不同的，我们可以针对客户不同的需求，为其“量身定做”产品，满足其需要。同时个性化服务也使商家吸引并留住了客户，提高了客户的满意度与忠诚度。因此网络购物推荐、产品定制、在线设计等个性化服务会提高客户满意度水平。网站的个性化服务影响客户满意度水平。

四、支付方式

由于进行网络购物通常是先利用网上银行或者第三方支付方式，先付款后收到产品，出于财务安全的考虑，许多消费者对在网上跨境支付还是存有疑虑，因此商家应该选择安全性高的交易方式，并对客户的信息资料加以保护。同时，交易方式种类的多样性，决定了客户能否方便地购买产品。因此客户对跨境电子商务的支付方式的选择也是影响客户满意的非常重要的方面。

五、物流配送

物流配送是为电子商务的客户提供服务，根据电子商务的特点，对整个物流配送体系实行统一的信息管理和调度，按照用户订货要求，在物流基地进行理货工作，并将配好的货物送交收货人的一种物流方式。电子商务下的每一笔交易都包括信息流、商流、资金流和物流。其中信息流、商流和资金流可以通过网络完成，只有物流必须进行实物传递。物流是电子商务必不可少的重要环节，假如没有配套的行之有效的物流配送，电子商务则不能实现有效的运作，也就不能够为客户提供满意的服务。如果产品配送不及时或者传递过程中商品出现损坏，客户就会感到失望；如果产品能够被及时快速且完整无磨损地送到，则客户就会感到满意。因此物流配送是影响跨境电子商务客户满意度很重要的因素。

案　　例

案例背景

小王是速卖通平台的新手卖家，为了扩大销售，吸引买家下单，店铺采取了免邮的促销手段，并在标题上标出了“Free Shipping”。某天，小王收到了一封来自英国客户的信函，内容如下：

Why I should pay 25 pounds for the package, you told me that was free to ship, how could you lie to me? I am very disappointed.

客户对收到货物之后还要收费感到困惑和不满。

案例分析

大部分卖家为了吸引买家下单，都会写上“Free Shipping”，实际上大部分卖家也确实做到了免邮。但是，有时候会忽略一些国家的进口政策。如美国高于500美元申报价值的货物，就要按照重量收取进口关税；加拿大和澳大利亚则是高于20美元的货物就要收取关税，英国、德国等欧洲国家货物的申报价值必须在20～25美元，一旦超出就会有更多的关税产生。

这样一来，案例中英国客户提出的问题就有了答案了，一旦有关税产生，买家必须支付关税后才能拿到货物。

案例总结

上述案例发生的情况都是潜在的差评和纠纷，一些比较极端的客户会因为需要支付额外的费用拒绝签收，从而导致客户的满意度较低。因此跨境电商的卖家在发商业快递的时候，要注意填写的申报价值，对于货值很高的快件，应提前和客户沟通好，这样的做法不仅有助于降低售后成本，减少纠纷率，在一定程度上也能够帮助卖家提升客户满意度。

项目三　跨境客户满意度的提升

某日，Allen 收到了客户提出的问题："How can I cancel it?"原来这个客户下了重复的订单，必须取消一个，但是她又不知道该如何取消。于是 Allen 在邮件里详细地解释了如何取消订单，后又打电话给客户确定是否操作成功。经过努力之后，客户给了卖家五星的好评，并且回复了一封邮件，内容如下：

I now see that this store is the best, the communication is very good, ready to talk to customer anytime, although, there was a mistake, but she resolved it.

由此可见，顺畅的沟通、贴心的服务能够避免很多的纠纷和差评，有效地提升服务和客户满意度，进而转化为订单。

提高买家满意度可以给卖家带来额外的交易，能够影响到产品的排序曝光，会影响其他买家的购买行为，并对卖家的星级和享受到资源也会产生影响，因此，买家满意度对卖家非常重要。客户服务是影响到买家满意度的重要方面，大中型网店由于订单繁多、咨询量大、售后内容多，对客服的分工要求更加严格，通常有一个专门的流程化的客服系统和模式。一般来说，客户服务可以分为售前服务、售中服务、售后服务三种类型（见图 4－3－1）。

售前服务	售中服务	售后服务
1.进店问候	1.尽快发货	1.解答买家的使用问题
2.解答买家问题	2.装配打包	2.询问使用体验
3.确认订单	3.联系物流	3.应对解决纠纷
4.引导付款	4.跟踪订单	

4－3－1　**客户服务流程**

一、售前服务

网店客服的售前服务主要是一种引导性的服务，当买家对产品抱有疑虑时，即需要客服人员提供售前服务，从买家进店到付款的整个过程都属于售前服务的范畴，包括客户咨询、客服应答、了解和解决问题、达成订单、确定订单并引导买家付款、引导买家收藏店铺、感谢买家光顾等内容。在售前沟通的过程中，作为网店的客服人员，主要需要掌握的客服知识通常为商品的详细信息、产品推荐、与不同类型的买家沟通等。

（一）介绍商品

一名专业的网店客服，必须具有基本的专业性，即必须掌握商品的专业性知识和周边知识，了解同类产品信息和网店促销方案。

商品专业知识：商品的专业知识主要包括产品质量、产品性能、产品寿命、产品安全性、产品尺寸规格、产品使用注意事项等内容。

商品周边知识：商品的周边知识主要是指与产品相关的其他信息，如与同类产品进行分辨的方式、产品的附加值和附加信息等，这类信息有利于提高商品的价值，使买家更加认可商品。

同类商品信息：同类商品是指市场上性质相同、外观相似的商品，由于市场同质化现象十分严重，买家会面临很多相同的选择，但是质量是客户选择的最稳定的因素，因此客服人员需要了解自己的劣势，突出自己的优势，以质量比较、货源比较、价格比较等方式稳固买家。

促销方案：网上商店通常会推出很多促销方案，客服人员需要熟悉自己店内的各种促销方案，了解每种促销方案所针对的客户群体，再根据买家的类型有针对性地进行推荐。

（二）商品推荐

当客服了解了产品信息后，就可游刃有余地对产品进行推荐，对于网上商店而言，商品推荐包括商品本身的推荐和商品搭配推荐两个主要方面。

商品推荐:产品的推荐需要因人而异,客户的需求、使用对象、性格特点等不同,推荐的方式和类型就不一样,比如买家购买自用商品,则实用性、美观性、适用性等就是首要推荐点,如果买家购买商品是为了赠送他人,则产品的包装、产品的品牌、实用性、美观性等都需要同时考虑。

搭配推荐:商品的搭配主要包括色彩搭配、风格搭配、效果搭配等,在推荐搭配时,可以通过店内模特、流行元素等进行举例。

(三)与不同买家沟通

一般来说,常见的买家主要有以下几种类型:

便利型:这类买家的网上购物行为多以省时、快捷和方便为主要原因,特别是没有充足时间逛街购物的人群更愿意选择通过网上购物平台满足自己的需求,同时他们也是网络消费的一大群体。这部分消费者一般对网上购物的流程比较熟悉,且购物行为比较果断、快速,目的性较强。与这类买家交谈时,卖家只需提供优质的商品和良好的服务态度,注意倾听他们的需求并尽可能提供帮助即可得到认可。

求廉型:这类买家大都喜欢价格便宜的商品,同时对质量的要求也不低,他们在购物时比较喜欢讨价还价,在应对他们时,首先应该以亲切热情的用语表达自己的态度,在语言上委婉地提示透露出买家已经购买到了足够低廉的价格,若买家一定要求店家降低价格,可在不造成自己损失的前提下,适当迎合客户的心理,如略微降低价格或赠送其他赠品等,以促进交易的成功。

随和型:这类买家一般性格较为开朗,容易相处,与他们交谈时要保留足够的亲和和诚意,他们一般很好交流,只要站在他们的角度尽可能地满足他们的需求,即可促成交易的达成。

犹豫不决型:这类买家一般会在店铺浏览很长时间,花较长的时间选购商品,并且在客服人员的详细解说下,仍然犹豫不决,迟迟不会下单。这类买家交谈时,耐心非常重要,就算买家一再询问重复的,或者已经解释多遍的问题,也要耐心详细地进行说明,做到有理、有据,用事实说服买家进行购买。

心直口快型:这类买家下单比较果断,看好了想要购买的商品后就会立刻下单,对于不喜欢的则直接拒绝。在与这类买家交谈时,尽量快速而准确地回复买家的问题,表现出自己的专业,尽量用语亲切,以买家的立场来进行说服,这样可增加交易的成功率。

沉稳型:这类买家较为精明,做决定时一般会仔细考量,缜密应对。他们的个性沉稳且不急躁,要说服这类买家,需要迎合他们的思路来进行沟通,让他们自己说服自己,产生购买行为。

慢性子型:这类买家一般会花上较多的时间来查看商品来查看商品,可能会同时查看很多商品,并重复进行查看和比较,与他们沟通时,一定要有耐心,并详细回答他们提出的问题。

挑剔型:这类买家很多都会对网上购物持不信任和怀疑的态度,认为商品描述的情况都言过其实,并会针对商品提出各种各样的刁难问题。与这类买家沟通时,首先要仔细说明商品的详细情况,消除他们的不信任,积极解决他们提出的各种问题,适当给予一些优惠和赠品等,促进其购买。

二、售中服务

售中服务是指商品交易过程中为买家提供的服务,主要集中在客户付款到订单签收这个阶段,包括订单处理、装配打包、物流配送、订单跟踪等内容。

订单处理:订单处理主要是指对订单进行修改,如修改价格、修改买家的地址和联系方式等。

装配打包:商品在寄出之前,需要对其进行打包,如果买家提出了特殊的包装要求,也要根据情况予以满足。

物流配送:物流配送是指联系物流公司进行揽件并开始配送,注意物流信息要填写正确和完整。

订单跟踪:订单跟踪是指随时跟踪订单的情况,并告知买家。

三、售后服务

售后服务是指买家在签收商品之后,客户针对商品的使用、维护等进行的服务,售后服务的质量是店铺服务质量中很重要的一个方面,好的售后服务可以吸引更多新客户,留住更多老客户。网店售后服务所包含的内容非常多,商品使用解答、商品维护解答、退换货处理等都属于售后服务的范畴,其中退换货处理是问题比较集中的两个方面。

(一) 售后客服注意事项

售后服务是交易过程中的重点环节之一,好的售后服务会给客户带来非常好的购物体验,因此客服在处理售后问题时要特别注意。

态度端正:热情、耐心、有礼貌、尊重顾客是客服人员应该具有的最基本的素质,这一点在售后服务中也体现得非常明显,客服人员要耐心温和地处理各种售后问题,满足客户的合理要求。

回应买家的投诉和抱怨:买家收到商品后,如果对商品的质量、性能或服务不满意,会有各种各样的投诉与反馈,此时,客服人员要积极面对买家的投诉或反馈,不能回避问题或消极处理。

避免与买家发生争执:少部分买家如果对商品不满意,态度会十分恶劣,客服在遇到这类买家时,一定要避免与其发生争执,防止事态恶化,应该尽快提出实际可行的解决方法安抚买家,解决问题。

留住回头客:当买家在使用了商品并有比较积极的反应时,客服要抓住机会,将其发展为老客户。

引导买家的好评和收藏:好评和店铺收藏对于网店的发展非常重要,一个优秀的客服人员应该善于引导买家发表好评和收藏店铺。

(二)退换货处理

退换货处理在网店中十分常见,当客户对物品不满意或者尺码不合适时,都会申请退换货服务,客服应该根据实际情况快速做出相应处理。一般来说,在买家申请退换货时主要有退换、折价、换货三种处理方式。

退货:当买家对收到的商品不满意时,即可申请退货。在买家申请退货时,卖家应该先了解退货原因以及是否符合退货要求,确认之后再将卖家的退货地址告知买家,收到货物后尽快给买家退款。目前,买家在淘宝申请退货时,淘宝网会根据买家的信用等级退还货款。

折价：当买家对商品不满意或商品存在细微瑕疵时，会向卖家进行反映，此时客服可以要求买家以拍照的方式反馈商品问题，再根据商品的具体情况判断是否折价、折价多少等，选择折价后再退还相应款项即可。

换货：当买家觉得尺码、颜色等不合适时，即会申请换货。卖家首先需要判断商品是否符合换货要求，如果符合换货要求，则告知换货地址并请买家告知物流凭证，收到货物后再换货。

（三）解决差评问题

1. 由于买家在下单前的细节要求没有得到满足而产生的差评

有很多买家在下单之初，就会在订单下面留言说："这是为了我的婚礼准备的，请不要让我失望。"遇到这样的订单，首先应该交代出货的人员，要特别注意该订单的质量和包装。其次，如果这个客户买了一个非常便宜的产品，但是从询问的态度上又可以看出他很期待，这种情况下为了避免差评，应该要考虑亏一点成本去满足这个客户的欲望。

如果满足了客户的各种细节要求，在发货之前稍微揣摩一下客户的心理，一些不必要的差评是完全可以避免的。

2. 由于质量问题产生的差评

单纯由于质量问题产生的差评是比较好解决的。首先，收到差评之后要及时和买家联系，询问一下对产品不满意的具体原因。在此基础上，让买家提供相应的照片。此外，卖家要回到自己的出货记录中查找相同时间内其他产品的反馈，分析一下库存中的货物质量。如果确实存在买家反应的问题，及时积极解决。通过退款或换货的方式，让买家满意并且修改评价。

（四）化解纠纷

当买家提起纠纷后，卖家应当及时积极地做出响应。否则，多数跨境电商平台会对纠纷订单按照买家提出的退款金额执行退款并结束订单。

若买家因为各种原因提起纠纷，除了纠纷之外，还会带来更大的不良影响，买家可能对供应商、产品、电商平台产生疑惑，甚至是质疑，而最终的结果是订单的回款周期变长，潜在的买家客源会流失，或者失去二次交易的机会。

在交易的过程中要尽量避免产生纠纷，如果真的产生了纠纷，要顺利地解决，让买家感到满意，这些都会为我们留住客户，并且能产生口碑效应，赢得更多的客户。

1. 纠纷类型和处理方案

表4－3－1　纠纷类型和处理方案

常见纠纷类型	纠纷处理方案
物流原因	先主动延长确认收货时间，提供物流信息截图和查询网址给买家，请他再耐心等待一段时间。 查看物流状态，建议买家积极联系当地邮局并及时关注邮件。 对于货期耗时久的订单可选择退款并让买家在退款后又收到包裹的情况下返还退款金额。 特别注意包裹是否退回，若已退回，可与买家商量重寄 如果遇到海关扣关，及时协助客户尽快完成清关或者让客户在当地找一些清关公司帮忙处理。 和买家交代如果真的是没有收到订单的话，卖家一定会给他(她)全额退款。 站在买家的角度考虑，出现问题想办法一起解决，而不只是考虑自己的利益。
产品质量问题	让买家提供详细的图片。 根据产品损坏程度和买家协商退回部分款项或者重新发货，避免让平台处理。 和买家协商下次购买可以优惠或者送一个小礼物。
产品描述不符	及时修正产品描述。 与买家商量退款金额。

2. 速卖通解决纠纷流程与平台操作

交易过程中买家提起退款申请，即进入纠纷阶段，须与卖家协商解决。解决流程详见下图：

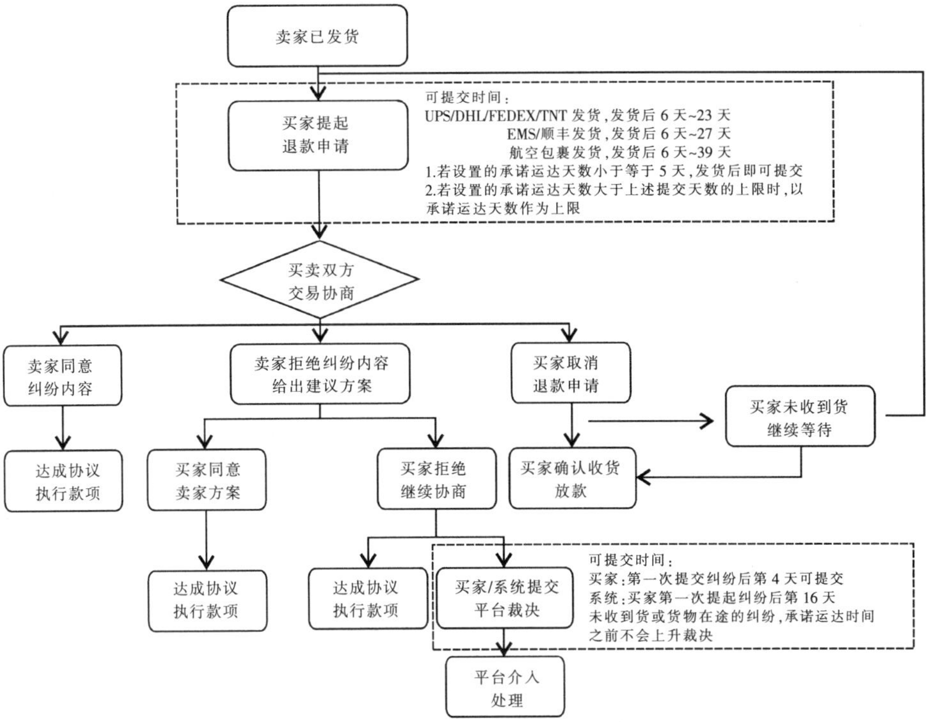

图 4-3-2　速卖通纠纷提交和解决纠纷流程图

第一步：买家提起退款申请。

买家提交退款申请的原因：第一，未收到货；第二，收到的货物与约定不符。

买家提交退款申请时间：

卖家填写发货追踪号以后，根据不同的物流方式买家可以在不同的期限内提起退款申请：

商业快递（UPS/DHL/FEDEX/TNT）：第 6 天至第 23 天。

EMS/顺丰：第 6 天至第 27 天。

航空包裹发货:第6天至第39天。

买家端操作:

在订单的详情页中,买家可以看到按键"Open Dispute",点击该按钮就可以提交退款申请,当买家提交退款申请时纠纷即产生。提交后,买卖双方可以就退款申请进行协商解决,协商阶段平台不介入处理。

第二步:买卖双方交易协商。

买家提起退货/退款申请后,需要卖家的确认,卖家可以在纠纷列表页面中看到所有的纠纷订单。快速筛选区域展示关键纠纷状态:"纠纷处理中""买家已提交纠纷,等待您确认""等待您确认收货"。对于卖家未响应过的纠纷,点击"接受"或"拒绝并提供方案"按钮进入纠纷详情。

进入速卖通纠纷详情页面,卖家可以看到买家提起纠纷的时间、原因、证据以及买家提供的协商方案等信息。当买家提起纠纷后,请卖家在买家提起纠纷的5天内接受或拒绝买家提出的要求,若逾期未响应,系统会自动根据买家提出的退款金额执行。建议卖家在协商阶段积极与买家沟通。

情况一:卖家同意协商方案。

买家提起的退款申请有以下两种类型:

第一,仅退款:卖家接受时会提示买家确认退款方案,若同意退款申请,则退款协议达成,款项会按照双方达成一致的方案执行。

第二,退货退款:若卖家接受,则需要卖家确认收货地址,默认卖家注册时候填写的地址(地址需要全部以英文来填写),若地址不正确,则点击"修改收货地址"。

情况二:新增或修改证据。

情况三:增加或修改协商方案。

买卖家最多可提供两个互斥方案(方案一提交了退货退款方案,方案二默认只能选仅退款不退货的方案)。

情况四:删除方案/证据,买卖家可以对自己提交的方案或举证进行删除。

第三步:平台介入协商。

买家提交纠纷后,纠纷小二会在7天内(包含第7天)介入处理。速卖通平台会参看案件情况以及双方协商阶段提供的证明给出方案。买卖家在纠纷详情页面可以看到买家、卖家、平台三方的方案。纠纷处理过程中,纠纷原因、方案、举证均可随时独立修改(在案件结束之前,买家卖家如果对自己之前提供的方案、证据等不满意,可以随时进行修改)。买家卖家如果接受对方或者平台给出的方案,可以点击接受此方案,此时双方对同一个方案达成一致,纠纷完成。纠纷完成赔付状态中,买家卖家不能够再协商。

第四步:退货流程。

如果卖家和买家达成退款又退货的协议之后,买家必须要在10天内将货物发出(否则款项会打给卖家)。买家退货并填写退货运单号后,卖家有30天的确认收货时间,如果您未收到货物获对收到的货物不满,此时您可以直接将订单提交纠纷平台。纠纷部门会联系双方跟进处理。(注:买家退货后,卖家需要在30天内确认收货或提起纠纷,逾期未操作默认卖家收货,执行退款操作。)

若买家已经退货,填写了退货单号,则需要等待卖家确认:

卖家需在30天内确认收到退货:

第一,若确认收到退货,并同意退款,则点击“确定”按钮,速卖通会退款给买家卖家确认收货,纠纷完成。

第二,若卖家在接近30天的时间内没有收到退货,或收到的退货有问题,卖家可以点击“升级纠纷”提交至平台进行纠纷裁决,平台会在2个工作日内介入处理,卖家可以在纠纷页面查看状态及进行响应。平台裁决期间,卖家也可以点击“撤销仲裁”撤销纠纷裁决。

第三,若30天内卖家未进行任何操作,即未确认收货,未提交纠纷裁决,系统会默认卖家已收到退货,自动退款给买家。

确认收货后,纠纷完成解决。

四、跨境电商平台售后服务未来趋势

(一)多样化开通售后服务渠道,完善用户体验

目前电商平台或商家处理用户投诉方式大都集中于网站及电话渠道,解决方式单一,且电话投诉处理存在接听人员随机,易出现用户多次描述投诉内容,解决问题效率低,未来可以将在线聊天工具与电话相结合,作为解决用户售后服务渠道,减少用户被动式等待,高效率处理用户投诉事件。

(二) 电商平台加强商家审核,提高售后服务监督能力

随着大量中小型商家入驻各大跨境电商平台,各大垂直细分领域商品供应日益完善,跨境电商平台应保证对入驻商家资质进行仔细核查,并建立商家售后服务水平等级评价体系,落实对商家售后服务监督,强化商家解决售后问题意识。

(三) 强化售后服务人员素质,提升企业形象

售后服务人员对外服务水平的高低,会在一定程度上影响商家形象,如何保证售前、售中、售后服务的专业性,提高问题解决能力和水准,保障消费者合法权益,将会提升企业盈利能力,以更高的售后客服体系服务消费者。

案　例

恶意提起纠纷

案例背景

2019 年 5 月 28 日，杭州某电子商务有限公司收到一位买家的纠纷。纠纷信息中显示，买家提起投诉的原因为款式不符。买家留言称，电子商务公司寄送了错误的鞋款给他，并上传产品图提供给平台。客服人员开始处理时发现，当时记载的物流信息，产品重量在 300 克左右，并且客户上传的产品在店铺中并没有销售。客服人员怀疑此订单为恶意订单，因此她开始收集相关数据并与客户交流，最后该订单通过平台仲裁得以解决。

案例分析

第一，速卖通平台对于恶意纠纷买家的行为定义是指买家通过滥用买家保护条例的手段，谋取不正当获利，扰乱速卖通平台正常交易秩序的行为。卖家有权使用举报功能，使用该功能后，只要是滥用平台买家保护条例，恶意威胁卖家，扰乱平台秩序的不实买家，都将受到应有的惩罚。

第二，平台对于恶意纠纷买家，有具体的处罚规定。一旦被定性为恶意纠纷买家，其账号将执行永久关闭处理。并且，对于情节严重，屡教不改的买家，将采取更加严厉处理措施，包括且不限于限制其通过任何其他方式再在平台购物的行为。

第三，对于因恶意纠纷被封号的买家，平台将定期对其相关订单的数据指标进行清洗，即不计入卖家的服务等级指标考核中。

第四，当卖家遇到恶意纠纷买家时，首先自查在订单操作中是否存在违规行为以及是否有买家描述的错误。其次，要积极与买家沟通，了解其投诉的具体内容，保存全部聊天记录，将相关证据提供给卖家举报窗口，维护卖家利益。

案例启示

第一，卖家在处理纠纷时要有警觉性，避免出现不查原因直接和买家进行私下协商。卖家应坚定地向恶意买家说“NO”，利用速卖通卖家举报窗口维护自身的正当权益。

第二，树立拒绝恶意买家的底气需要卖家对自己的商品有绝对的信心，除此之外，还应加快订单处理的速度，保证产品包装的质量和准确度。提高店铺的服务水平才能在出现恶意纠纷时及时察觉，最终避免被恶意买家牵制。

模块五　跨境客户服务与沟通

学习目标

知识目标：

1. 了解沟通的含义
2. 了解跨境客户沟通的特点
3. 掌握跨境客户沟通的技巧
4. 掌握客户纠纷投诉的处理方法

能力目标：

1. 能运用技巧有效进行跨境客户的沟通
2. 能针对客户具体问题提供正确的客户服务
3. 能掌握典型情境下客服沟通的方法句式

项目一　跨境客户沟通概述

不论跨境电商如何发展变化，沟通始终贯穿整个业务。根据美国营销协会的研究，客户不满意的原因有三分之二是出现了商家与客户沟通不良这个问题。可见，客户沟通是使客户满意的一个重要环节，只有加强与客户的联系和沟通，才能了解客户的需求和期望。特别是在出现纠纷时，有效的沟通有助于获得客户的谅解，减少或消除他们的不满。

跨境电子商务每天的具体业务操作自始至终都离不开沟通，了解跨境客户沟通有别于国内的电商沟通以及传统国际贸易沟通的特点，充分利用其优势，能使许多问题迎刃而解，反之则寸步难行。

一、沟通的含义

沟通是通过人与人之间、人与群体之间思想与感情的传递和反馈，以求思想达成一致和感情通畅的活动过程。

客户沟通就是企业通过与客户建立互相联系的桥梁或纽带，拉近与客户的距离，加深与客户感情，从而赢得客户满意与客户忠诚所采取的行动。

二、跨境客户服务与沟通的特点

跨境电子商务是指分属不同环境的交易主体，通过电子商务的手段将传统进出口贸易中的展示、洽谈和成交环节电子化，并通过跨境物流送达商品、完成交易的一种国际商业活动。跨境客户沟通就是将沟通放在了跨境电商这个特定的业务领域，这就决定了进行跨境客户沟通时所要注意的问题和技巧与国内电商领域或者传统国际贸易领域的客户沟通是有所区别的。这需要我们了解跨境客户沟通的特点。

（一）沟通主体分属不同环境，处于不同的文化背景之下

跨境客户沟通是发生在不同环境的主体之中的，伴随环境不同的还有沟通主体在语言、文化、思维方式、行为特征等方面的差异，这些差异必然会造成沟通时的障碍，作为从事跨境电商业务的客服人员需要掌握这些差异性，了解不同的国家、民族和地区跨境客户的风俗和习惯、购买需求、消费心理、购买行为才能更好地进行客户关系管理，最终促进销售业绩的增长。

（二）电子通信手段为跨境客服沟通的主要方式

跨境客户沟通的整个流程主要采取电子通信手段，因此在沟通时必须充分考虑电子通信手段的特点。选择合适的沟通工具也是让跨境客户沟通效率得以提高的关键。

在跨境电子商务中，由于存在时差，因此在跨境电子商务中的买方客户一般不会与卖家客服产生过多的沟通与交流，因此每个平台上的沟通工具如站内信、订单留言和邮箱等成为了买卖双方常用的沟通方式。很多平台也鼓励买卖双方通过订单留言和站内信的方式进行沟通，这样的沟通方式有以下几点优势：

第一,买方和卖方关于订单的沟通都在订单留言和站内信完成,可以避免双方由于沟通方式过多而造成的重要信息缺失。

第二,当发生纠纷时,订单留言和站内信沟通记录可以保证订单沟通信息的完整性,而其截图则是作为纠纷判责的重要证据。另外,卖家客服经常会通过邮件与买家联系,发送营销邮件、节日祝福、通知邮件以及推广信等,这也正好迎合了外国客户使用邮件的习惯。但是,涉及订单纠纷问题,建议买卖双方还是在订单留言与站内信中沟通,因为在很多平台中邮件沟通记录是不被认可的。

(三)跨境沟通贯穿于跨境电子商务的各个环节

与大家的认识不同的是,跨境沟通并非只发生在售中业务洽谈这一环节。在跨境业务的售前产品展示、售中业务洽谈和售后服务等环节,跨境沟通贯穿始终。

在售前产品展示环节,不论店铺视觉描述或商品描述都属交流与沟通范畴。店铺视觉描述的内容主要包括:店铺标识、店铺公告栏、商品分类栏、参数介绍栏、客服栏、联系方式名片、关键词设置、信用评价区、店铺内促销区等。商品描述一般包括图片(或视频)和文字两部分构成。图片(或视频)给客户以感性认识,好的图片带来好的视觉冲击感,会大大提高客户的点击率;文字则是对商品及服务的详细描述,是提高客户购买转化率的关键。

在售中业务洽谈环节,在订单生成前,客户对商品的咨询、支付方式、物流以及其他的咨询都应及时、耐心、细致、全面地回复,任何一个和客户的接触点都是沟通的重点,客户拍下未付款,可以适当跟踪,弄清楚原因,若对方因为不熟悉跨境电子商务的交易流程,可以协助其完成流程,提供服务,促成订单;当订单生成后,无论备货细节的确认,报价和清关的咨询(图片、发票、货运方式)等,都是沟通的重点内容,每一个细节处理得当都是跨境电子商务业务成功的关键。

在售后服务环节,应做好后期的交流与沟通,跟踪服务,并将客户反馈以及客户评价进行及时回复,必要时进行适当的关系维系和沟通联络,业务成交后不应仅视为上一笔业务的结束,也应视为新一单业务的开始,因为业务的良好执行以及良好的购物体验,同一客户可能会重复下单,成为忠实的回头客,或者经由其良好评价和推荐(这又形成一个新的客户触点),别的客户也会购买。这样,售前的产品展示、售中的业务洽谈、售后服务就形成了一个良性的业务闭环,螺旋向上发展。

项目二　跨境客户沟通技巧

一、做好沟通前的准备

作为跨境电商的客服人员，首先要明确的是你所服务的对象来自不同的国家，拥有不同的文化背景、风俗习惯和购物需求，因此了解服务对象的总体情况，不仅是客服应该具备的素质，更是决定沟通能够成功的前提条件。

第一，了解目标市场的风俗习惯，如节假日、国庆日等，便于沟通时拉近与被服务客户的心理距离。

第二，掌握不同国家的语言习惯，根据不同人群给予有针对性的回复。

第三，熟悉产品的特性以及物流运输等环节的查询方法。

二、注重语言沟通的技巧，传递重点信息

客服人员在工作态度上要务实求真，注重细节，同时保持心态平和，同时使用客户的语言，除能让客户在感受到尊重的同时，也有利于双方交流的顺畅，从而提高信任度，降低差评的发生概率。

通过邮件回复客户信息时，切忌长篇大论，语言应该尽可能做到精炼，突出重点。长篇大论的写作方式容易让客户产生厌烦情绪，且关键问题常常因被淹没在大段的文字中而被忽略掉。所以可以采取加大分段的方式，把重点内容单独设立为一段，并在段前段后都加入空行。这样做可以使得客户没有办法忽略你的重点信息，增加客户阅读的趣味感，减少厌烦情绪，缓解阅读疲劳。在排版时可以采用“提供证据—证据来源网址—信息解读—解决方案—结束语”的逻辑顺序来进行分段说明。这样的方式可以给客户节省时间，带来愉悦的体验，使其对重点内容印象清晰，这样有利于取得客户的信任。

三、沟通一定要注重时效性

国内电商平台由于其整个购买过程都是基于网络进行的,一旦出现纠纷或疑问,客户往往希望在第一时间得到回复,对卖家回复的时效性要求较高。虽然跨境电商中,客户对于由于时差造成的不能及时回复容忍性较高,但是作为跨境卖家,尽可能早地回答客户的问题,对于提升客户满意度和培养忠实客户发挥着重要的作用。一般来讲最好在 24 小时内回复客户,若是超过 24 小时,建议在回信中首句应致歉“Sorry for the late reply”如果对于客户的提问暂时不能回复,如暂时无法得到确切的物流信息,可以告知对方“I will inform you of the shipping information as soon as the goods is sent out.”这样,会让客户感觉你是在为他着想,有得到尊重、受到重视的感觉,并且让他对这个订单的整个完成过程心里有数,而不至于产生焦虑感。

四、淡化事件的严重性

在跨境电商交易中,客户作为购买方,对于很多专业问题并不是非常了解的。比如不熟悉复杂的国际物流、很难清晰地理解某些中国卖家所写出的产品说明。因此,当出现这类问题时,客户普遍会感到问题很棘手,并容易出现焦躁感。针对这种情况,卖家首先需要做到的就是注重沟通的每一个环节,特别是在与买家客服第一次的接触中,就要尽量淡化事件的严重性,在第一时间向客户保证能够帮助客户顺利解决问题,给客户吃一颗“定心丸”。客户在得到卖家帮助解决问题的承诺后,往往就会觉得事情没那么严重,可以很好解决,这就很容易解除对卖家的抵触心理,并缓解不安情绪,这样有利于客户接受后续卖家对问题原因的解释以及提出的解决方法。例如客服可以在邮件的开头明确地写出:

Dear Jane,

Thank you so much for your order!

I am really sorry to hear that and surely I will help you solve this problem.

这样的安抚客户之后,会让客户更有耐心,能够继续看完邮件下面提出的解释与解决方案。

五、适当采用迂回技巧与客户进行沟通

在回复客户疑问时,找到适当的理由是非常重要的。客服最好找到一个解释得通且符合当地国情的理由,这个理由最好是不可抗力造成的。如海关查验、封港绕行等。以货物损坏为例,面对这样的情况客服可以这样回复:"Although we checked everything before sending, it is still possible damaged by crash or jolt on the way, you know some times the postmen throw parcels from truck."(虽然我们在发货前仔细检查了每一样产品,但是产品仍有可能在邮寄中因被撞击或颠簸而损坏,你知道的,有时候快递人员会把包裹从卡车上抛下来)从客户心理学角度来说,一个可以接受的理由比简单地说卖方错误更能平复客户情绪,有利于引导客户走向下一流程,即接受卖方的调解方案,快速解决纠纷。

在说出客观的理由之后,客服人员要以诚恳的态度承担起解决问题的角色。即便这个理由与卖方无关,但是卖方客服人员依然需要承担起解决问题的责任,为客户提供最便利的解决方案,向客户表明"即使错误不在我,我也愿意为您服务",这样才能平息客户怒气,不会写出差评或打出一星评价。处理得好的纠纷能够得到更多理解和好评。例如,对待货物漏发或者丢货事件,可以这样回复"However, I still like to help you solve this problem. If you accept, we will resend you a new one for free."(不论如何,我仍然愿意为您解决问题。如果您接受,我将免费为您重发一件相同的新品)

六、为客户提供数据型或图片型证据,并将解释通俗化

现代人买卖商品时很注重操作的简易性。因此客户向客服人员咨询时,也希望能够在几个问答中解决问题。所以,无证据的敷衍回答,不如向客户提供数据化、图片化、视频化的证明更具有说服力。例如产品的细节图、详尽的使用说明,或者为了说明安装步骤的微视频。对待物流信息的追踪方面一定要提供

可追踪的包裹单号,可以追踪的网站,以增强客户的信心。同时,需要注意的是无论是安装细节、物流跟踪还是质量问题,凡是要提供证据以增强信心或提供辅助帮助的,客服人员在提供证据后对细节进行解释时,一定要选取平实无华、通俗易懂的语言来做进一步的解释说明。这样可以使买方更清晰地理解卖方的说明,增强客户信心。例如,网站显示"4/4/2013 2:04:00 PM, INDIA, MUMBAI FOREIGN POST OFFICE, Record item customs information (Inb), Retention reason: Hight - value goods - Official Customs declaration required"(4/4/2013 2:04:00 点,印度,孟买外国邮局,记录物品海关信息号,保留的理由:Hight - value 商品——正式报关需要),对于这样的信息,客户往往不能自行解读其含义,这是客服可以给客户做出如下简短解释:"that means the parcel passed your country customs, please patiently wait for the goods."(那意味着包裹正在通过海关检验,请耐心等待)

项目三　跨境售前客户服务

一、跨境售前客户服务准备工作

售前客户服务的工作内容主要是从事引导性的服务，即从客户进店咨询到下订单付款的整个工作环节都属于售前客户服务人员的工作范畴。售前客户服务人员需要充分做好售前准备的工作，灵活掌握沟通的技巧，了解跨境电子商务平台的规则与注意事项，熟悉产品信息，了解相关产品推广活动，熟悉沟通工具的使用，并掌握基本的交流、沟通方法，这些都属于售前客户服务人员最基本的工作能力。

（一）把握公司及产品情况

在跨境电子商务中，客户往往不专业或缺乏对相关产品的了解，这就需要跨境客服人员从专业的角度来帮助客服解决问题。售前客服人员在向客户推荐产品时，在关于设计产品的专业术语、行业概念、物流问题及税费问题时，客服人员需要用通俗易懂、简明扼要的方式向客户解释和说明。在针对客户问题提出解决方案时，客户服务人员需要基于问题产生的真实原因，提出负责而有效的解决方案，搪塞和拖延时间的解决方法是售前客服的最大忌讳。从长远来看，耐心细致地回答客户问题，会增加客户对卖家的信任感，进而形成客户黏性，而且还有助于将初次询问和偶然询问的客户转化为自己的长期客户。

（二）掌握客户心理，运用适合的礼仪

1. 掌握客户静默式下单的心理

跨境电子商务的客户在很多时候会采用静默式下单，所以如果客户在售前联系客服都是带着问题而来的。由于买卖双方在时间和文化背景上存在差异，再加之语言存在障碍，不专业的客户时常很难清晰地理解某些中国卖家写出的英文产

品说明,如果售前客服让顾客久等,或者沟通不畅时就会引发顾客的不满。因此,售前客户服务人员一定要关照外国客户的心理需求,清楚、明确地进行产品介绍,提供专业化的咨询服务,使用客户熟悉的语言和沟通方式,这样才能有效地引导客户购买产品,提高咨询转化率。

2. 适当利用交往礼仪提升客户满意度

从商务礼仪的角度讲,售前客户服务人员要确保在谈判开始时,就做谈判的主导,设法引发客户的情绪,为后面的双面沟通与问题解决打好基础。在跨境电上中,客户遇到棘手问题时表现出急躁是很常见的事情,客服需要掌握应对技巧,并适当运用商务礼仪淡化客户因时间和空间而产生的疏离感,在字里行间的细节处向客服呈现出负责、尊重的态度,这对于解决问题至关重要。

3. 利用 SKU 库更好地服务客户

SKU 为 Stock Keeping Unit 的缩写,即库存进出计量的单位,可以是件、盒、托盘等。在电商运营中 SKU 包含了两方面的信息:

第一,从货品角度看,SKU 是指单独一种商品,其货品属性已经被确定。只要货品属性有所不同,那么就是不同的 SKU。属性包括很多,一般的理解货品属性包括:品牌、型号、配置、等级、花色、成分、用途等。也就是说同样的货品只要在人们对其进行保存、管理、销售、服务上有不同的方式,那么就需要被定义为不同的 SKU。

第二,从业务管理的角度看,SKU 还含有货品包装单位的信息。SKU 也包含商品包装的信息。计量单位、包装单位不一样,其适合的管理就不一样,我们也可以将其分成不同的 SKU。打个比方,袜子我们都是以“双”为单位的,也就是一双袜子是一个 SKU,袜子参数都一样,只是在打包过程中,一包里面有 12 双袜子,那么 12 双袜子与 1 双袜子又是不同的 SKU。

如果能建立 SKU 库和客户列表,并把客户资料与产品信息结合起来,这样就能更快地查找到客户购买产品的价格动态信息与销售数量。同时,在客户咨询时能够迅速而准确地搜索到匹配客户需求的产品,为客户提供贴心周到的精细化服务。

二、售前推销的话术技巧

对于客服岗而言，熟练掌握最主要的客户语言是必须具备的能力，同时还需要掌握一定的话术技巧。在准备推销时的，话术技巧有以下几点需要注意。

第一，客服人员需要不断加强对语言的学习，练就扎实的基本功，特别需要准确并熟练掌握所售产品的专业词汇，还要注意与语言相关的沟通技巧。要尽量避免低级的拼写与语法错误，正确使用客户的母语，这既可以展示出对客户的尊重，又可以提升客户对卖家的信任感。

第二，如果是通过邮件与境外客户进行联系，邮件中不要有成段的大写。某些卖家为了在较多的邮件文字中突出展示重点信息而采用成段的大写字母，这样做虽然是为了突出重点，但也会产生负面影响，因为在英语里，大段大写表达的往往是愤怒、暴躁等激动的情绪，是一种缺乏礼貌的书写方式。因此，客服人员要注意这样的细节。

第三，在于客户沟通的过程中，为方便绝大部分客户的阅读，售前客服人员应当尽量使用结构简单、用词平实的短句。这样可以在最短时间内让客户充分理解客户服务人员所要表达的内容。当前跨境电商平台上广泛使用的语言是英语，但是买家往往来自全球各个国家和地区，其中绝大部分客户的母语不是英语，因此，许多客户是通过谷歌等在线翻译软件来阅读产品页面和邮件，因此售前客服人员使用简化书面语言，对于提高沟通效率非常重要。

第四，客户服务人员在撰写邮件时，还需要特别注意按照文章的逻辑将整篇邮件进行自然分段，并在段与段之间添加空行。这样做有利于客户简单地浏览非重要的段落，快速跳至重点信息。一方面可以有效地节省客户的阅读时间，增加客户与卖家的沟通耐心；另一方面，清晰地按逻辑进行分段，可以给客户以专业、有条理的印象，增加客户对卖家的信任。

三、跨境售前客服常见问题的处理方法

虽然跨境客户往往进行静默式下单，但是也不排除下单前需要与卖家进行沟通

的顾客,因此售前客服仍然要对售前沟通工作了如指掌。售前沟通主要是引导性的工作,它包括从客户进店咨询到拍下订单付款的整个工作环节。主要工作如下:

(一)关于产品的沟通

在大部分情况下,卖家已经在跨境电商平台的详情页中详细地介绍了产品的信息,包括产品质量、颜色、规格、尺寸、材质和产品的销售方式等。但是,由于平台提供的仅仅是产品图片和文字描述,在对于产品的各个方面无法把握的情况下,客户可能会向卖家进行咨询。

1. 在质量或材质上,客户有时候无法直观把握

例如,某跨境平台上卖家收到客户的咨询:"The coat is cheap, is it really 90% wool?"

【回复案例】

Dear sir/madam,

Thanks for the interest.

The coat is sold in low price as it is shipped directly from our factory. We guarantee that the it is made of 90% wool and 10% cashmere. It is of good quality, and we promise to give you a full refund if the material is not as described.

Best regards,

(Your name)

2. 在颜色选择上,卖家提供的备选颜色无法满足客户的需求和喜好

例如,客户询问:"Hi,do you have the iPad case in golden color?"

【回复案例】

Dear sir/madam,

Thanks for your inquiry.

Sorry to tell you that golden color of the iPad case is not available at the moment. There are rose gold and champagne colors,which are similar and very popular in your market. Could you please consider about one of them? Hope to hear from you.

Best regards,

(Your name)

3. 关于产品的规格尺码

客服人员一定要耐心回复,避免因规格尺码的选择问题引发纠纷。特别是服装和鞋类产品的尺码,国内的尺码标准和国外不一样,经常会引发混淆,客服人员应熟悉所经营产品的不同的国家标准,并准确给予客户建议。例如,某女装店铺收到买家询问某款连衣裙尺码的询问:"Dear friend,please help me choose the size for bust 89cm,waist 7cm,and hip 90cm."卖家应根据客户提供的信息,根据附图中的尺码标准图,给出参考尺码选择,吸引客户下单。

【回复案例】

Dear sir/madam,

Thanks for your interest in our item. We offer three different sizes S, M and L (please refer to the attached size table below).

According to the information you offered, we suggest you choose size M. You can also get more information from the size table. Please allow 1 ~ 2cm errors due to manual measurement. And we do have this size in stock. We will ship it within 24 hours once you place an order from us. If you need any help or have any questions, please contact us. We will be here for you.

Best regards,

(Your name)

4. 关于产品的销售方式

目前跨境电商 B2C 平台以零售为主,但是也有打包批发、直接代发等方式,涉及非主流的销售方式或者客户有这方面需要时,通常会向卖家咨询。例如,以下客户的咨询:"Hello. How much for 30 pairs of stockings with multiple colors and postage to the U. S. A?"

【回复案例】

Dear sir/madam,

Thanks for your inquiry.

Sorry to tell you that we sell this item in dozens. You can choose the quantity of 3 dozens. And you can leave a message about the color you like in the order. We will make the delivery according to your requirement. And the shipping is free to the U. S. A by China Post Registered Air Mail or ePacket.

Looking forward to hearing from you again!

Best regards.

(Your name)

(二)关于价格的沟通

与国内电商不同,跨境平台客户几乎不会与卖家讨价还价。大部分客户会直接根据平台上的产品价格直接决定下单或者不下单。但是以下几种情况可能会涉及价格的协商。

1. 如果发现客户下单未支付,跨境客服应考虑对价格、运费等进行调整,主动联系客户关注下单产品,争取订单

【回复案例 1】

Dear sir/madam,

Thanks for your interest in our item. However, we notice that you haven't made the payment yet. Please note that there are only 3 days left to get 10% off by making payments. Right now, we only have X lots of the X color left. The products may sell out soon for high popularity. We will prepare for your order at once after you pay. Hope to hear form you.

Best regards,

(Your name)

【回复案例 2】

Dear sir/madam,

We appreciate the order No. xxxxxx from you. For more future orders from you, we decide to give another 5% discount to you. We have adjusted the price for your order. Please check the price. We will ship your order within 24 hours once your payment is confirmed. If you need any help or have any questions, please let us know.

Best regards,

(Your name)

2. 客户拍下产品后，有时候会觉得价格不符合心理价位，客服提醒付款时，客户有可能会问："It is kind of expensive. Can you give me some discount?"

【回复案例】

拒绝还价的回复：

Dear sir/madam,

Thank you for your inquiry.

I am sorry to inform you that we are not be able to offer your any discount for the price listed is reasonable and has been careful calculated and leaves us limited profit already. You can compare the price to that of the other sellers.

We can promise that our product is of good quality.

Please let me know if you have any further question.

Sincerely,

(Your name)

【回复案例】

折扣价的回复：

Dear sir/madam,

Thank you for your inquiry.

We would like to offer you some discounts on bulk purchases. If your order is more than 10 pieces, we will give you a discount of 5% off.

Look forward to your reply.

Sincerely,

(Your name)

3. 跨境电商的商品批发优惠

跨境电商的一些小额跨境批发平台如敦煌网，其以批发的价格优势吸引众多的批发商。因此,如果有批发询问时,跨境客服一定要抓住机会,回复时将商品样式、采购量和相应的价格详细说明。批发价格一定要有竞争性,最好可以免邮,这样可以让客户觉得得到了一个特大优惠。

【回复案例】

Dear sir/madam,

Thank you for your inquiry.

We hope to establish business relationship with you. Here is the links of the products which you are interested in. If your order is larger than 100 pieces, we could give you a wholesale price $25/piece(freight included). If you have any further questions, please let us know. We will try our best to help you. Looking forward to your reply.

Sincerely,

(Your name)

(三)关于支付信息的沟通

在整个跨境交易的实现中,订单的支付起到非常关键的作用。没有支付就没有最终交易的完成。但是,很多买家,特别是新手买家,由于对平台的支付流程不熟悉,在下单后无法完成支付操作。

1. 如果客户支付失败,收到客户的求助信函,跨境客服人员应该耐心地解答

【回复案例】

Dear sir/madam,

Thank you for your inquiry. If your payment for the order has failed, please check it is not due to the following situations:

(1) Card security code failed

(2) Insufficient fund

(3) Exceed limit

(4) The 3 – D security code failed

(5) Verification failed

If you have any other questions, please feel free to contact me.

Best Regards,

(Your name)

2. 如果发现客户下单未支付，跨境客服应主动联系卖家询问是否遇到支付问题，并告知支付流程，争取订单

【回复案例】

Dear sir/madam,

Thank you for your order. It brought to our attention that your payment hasn't been received yet. We wonder if you have any problems making the payment. If so, we hope the following instruction can help you.

You can select the order and click the "Pay Now" button. Choose your preferred payment method on the checkout page. The platform supports Visa, Master card, Maestro Debit Card, Western Union and wire transfer via banks.

Thanks again! Looking forward to hearing from you soon.

Best Regards,

(Your name)

3. 合并支付

一个买家在同一店铺购买多样产品时，产生多个订单发往相同的收货人及收货地址，这对买卖双方都会造成不便。跨境客服人员可以引导客户使用购物车进行合并支付，并给予一定折扣吸引买家。

【回复案例】

Dear sir/madam,

I'm writing to ask if you would like to place one order for all the items for I noticed that you have placed 5 orders in our shop. If so, please try the following instruction:

Firstly, click "add to cart", then "buy now", and check your address and order details carefully before clicking "submit". After that, please inform me and I will cut down the price to US $ XX. You can refresh the page to continue your payment.

Thank you for your attention! If you have any other questions, please feel free to contact me.

Best Regards,

(Your name)

(四)关于物流信息的沟通

跨境电商的痛点在于跨境物流,跨境物流的痛点在于配送时间长、包裹无法全程追踪,清关障碍、破损甚至丢包率高等。跨境客户往往不满意物流配送的速度和质量,常常引发纠纷。因此,在售前与客户就物流问题做好沟通,能够免去很多不必要的麻烦,并赢得客户的信任。

若是客户来函,要求尽快收到商品,如速卖通上一个美国客户的来信:"I would like to get the order within 10 days, would you recommend the best method of shipping, and if it is free shipping?"客服需要了解跨境物流的种类,根据各种物流的时效、限制以及运费才能向客户推荐最合适的一种。

【回复案例】

Dear sir/madam,

Thank you for your inquiry.

According to your requirement that the order should be received within 10 days, we suggest one of the following express shipping options: UPS, FedEx, DHL, TNT, EMS. But you need to pay the extra freight according to the real cost.

Best regards.

(Your name)

项目四　跨境电商售中客户服务

一、跨境售中客服的含义及涉及范围

（一）跨境售中客服的含义

售中是指从客户下单后到客户签收货物这个阶段。这个阶段是跨境客户服务与沟通最重要的环节，同时也是涉及范围最广、最体现客服专业程度的客户服务环节。

（二）跨境售中客服工作范围

售中客户服务的业务范围包括订单处理、物流跟踪、关联产品定向推荐、特殊订单处理与交流。售中客户服务既是满足客户购买商品欲望的服务行为，又是不断满足客户心理需要的服务行为。

二、跨境售中客服沟通的主要形式及技巧

售中客户服务与沟通的主要形式包括邮件交流、在线即时交流以及部分口语交流等。

在与客户交流时，卖家应该主动、热情、耐心、周到，为客户提供最优质的服务解决方案，把客户的潜在需求变为现实需求，达到商品销售的目的。优秀的售中客户服务人员将为客户提供享受感，促进客户做出购买决策。融洽而自然的售中客户服务还可以有效地消除卖家与客户之间的隔阂，在客户与卖家之间形成相互信任的气氛。

三、跨境售中客服常见问题处理方法

售中沟通的工作主要集中在客户付款到订单签收的整个时段，主要是物流订单工作的处理。当然，在订单处理的过程中还会遇到一些特殊的情况，诸如客户

临时更改物流地址或取消订单、客户拒签、重新发货等情况。

(一)关于产品下单

随着跨境贸易的发展,“价格为王”已经转为“服务为王”,特别是跨境 B2C 贸易中,卖家直接面对的是个人消费者,而个人消费者更看重服务,因此,跨境商家除了提供的产品质量要过硬、价格要有竞争力以外,服务更要周到。客户有良好的体验,感受到卖家对他们的重视,往往店铺的回购率就会提高。

1. 客户下单之后,客服人员应在第一时间发送感谢信,感谢客户的购买,并告知会及时安排发货、更新物流信息

【回复案例】

Dear sir/madam,

Thank you very much for shopping with us.

We will prepare the item and send it to you within 1 ~ 3 days by ePacket. We will keep you informed with the latest shipping information. Please feel free to contact us if you have any question. We will always be there for you.

Sincerely,

(Your name)

2. 取消订单

客户下单之后,也有可能由于种种原因取消订单。如果是由于卖家的原因而取消订单,会影响卖家的店铺等级,因此客服人员要耐心做出解释,适当引导客户选择取消订单的原因是客户自身的原因;如果客户由于其他原因取消订单,客服应积极跟进,询问缘由,争取挽回订单。

【回复案例 1】

Dear sir/madam,

Sorry to tell you that your order has been closed because your credit card has not been approved by the Ali. We have already prepared the jelly candles for you. If you want the item now, please place a new order and you can pay by PayPal, Escrow, Payoneer, Western Union or T/T. Also, you can contact with the Ali.

Sincerely,

(Your name)

【回复案例2】

Dear sir/madam,

We are writing to tell you that the periwig you ordered is out of stock at the moment. We would like to recommend you some other items which are of the same style. Please click the following link to check them out.

http://help. aliexpress. com/alert_subscribe. html.

If you are not satisfied with the items recommended, would you please apply for "cancel the order" and choose the reason of "Buy the wrong goods" or "The repeat orders"? In that case the payment will be returned in 7 business days.

Sorry for the inconvenience and thank you so much for your understanding!

Sincerely,

(Your name)

3. 更换货物

如客户提出需要更换货物,客服人员应及时查询货物库存情况,做出处理。

例如,客户的来信要求将她购买的L码的T恤换成XL码。

【回复案例】

Dear sir/madam,

Thanks for your order. We have changed the T－shirt with size L to the one with size XL for you. Hope you would be satisfied with it.

Sincerely,

(Your name)

(二)关于发货的沟通

1. 买家下单后,缺货、断货时的沟通方法

【回复案例】

Dear sir/madam,

Thank you for your order. The items you ordered is currently out of stock, however you can select an items of equal value to your order, or request a refund. Please let us know which you prefer.

We look forwarding to hearting from you soon.

Thank you.

(Your name)

2. 由于某种原因(如法定节假日),不能正常发货,请买家同意延长发货期的回复

【回复案例】

Dear sir/madam,

Thank you for your order. Please note that there will be shipping delays due to the national holidays and your order might not arrive at the expected time. We plan to extend the lead time, would you please accept it?

Thank you for your understanding and patience.

(Your name)

3. 买家选择的发货方式,卖家无法做到,询问买方是否同意更换发货方式

【回复案例】

Dear sir/madam,

Thank you for your order. We are sorry that we cannot ship your items via DHL at this point. We can only ship your item via E - packet which usually takes 10 ~ 15 business days for delivery. Please let us know as soon as possible if we should proceed with the E - packet shipping method.

We look forward to hearing from you soon.

Thank you.

(Your name)

4. 买家所在的地区比较偏远,不能包邮,建议买家补运费

【回复案例】

Dear sir/madam,

Thank you for your order. We are sorry that we cannot ship your items via free shipping method as the address you have provided is located in a remote area. In order for us to ship your items to you asap, you will need to pay an extra fee, or you can request a full refund.

We are sorry for any inconvenience this may have causd. Pleas let us know which you prefer.

Thank you!

(Your name)

(三)关于物流跟踪

客户下单后都希望尽快收到商品,经常是处于焦急等待的状态。此时,跨境客服若能及时跟踪订单,主动向客户反馈订单信息,或者在收到客户关于物流的咨询时第一时间回复,这样客户能够了解订单的进展,就会提高满意度。

1. 及时告知顾客物流信息

在物流中的一些特定节点,如货物发出之后、货物到达目的国、货物抵达目的国海关、货物妥投等,客服人员都应该发送通知贴心地告知客户。通知中应告知物流方式、发货时间、物流单号、目前物流的状态以及查询途径。

【回复案例 1:发货通知】

Dear sir/madam,

Thank you for shopping with us.

The item you ordered has been shipped out on Feb. 27th by China post air mail. The tracking number is ********** , and you may track it on the website below:

http://www17 track. net/index_en. shtm

It will take 20 ~ 30 working days to reach your country.

If you have any questions, don't be hesitate to contact us at anytime.

Sincerely,

(Your name)

【回复案例 2:货抵海关】

Dear sir/madam,

I am writing to update the shipping status of your order. The information shows it was handed to customs on Mar. 10.

Tracking number: **********. You can check it through web: **********.

You may get it in the near future. Please pay attention to the package delivery.

I apologize that the shipping is a little slower than usual. Hope it is not a big trouble for you.

Sincerely,

(Your name)

【回复案例3:货物妥投】

Dear sir/madam,

I learnt from the tracking information that you had received your order! Did it arrive in good condition?

If you are satisfied with your purchase and our service, please give us a five – star feedback and leave positive comments on your experience with us, and we will much appreciate it.

If you get problem, it will be appreciated too if you contact us directly for assistance rather than submitting a refund request.

We aim to solve all problems as quickly as possible. Thank you!

Sincerely,

(Your name)

2. 客户来信咨询发货时间或者到货时间

【回复案例】

Dear sir/madam,

Generally speaking, your package needs 1 ~ 3 days to pack up, and 20 ~ 30 days to arrive in your country. We will inform you as soon as we deliver your order.

Sincerely,

(Your name)

3. 客户未收到货物

此时应耐心劝导。如果货物丢失,则要说明情况,引导客户申请退款,并致歉。

【回复案例】

Dear sir/madam,

Please don't worry, we will try our best to help you solve the problem.

We have checked with Post Office and found that your package was lost on the way. We are sorry for that and we suggest that you apply for refund. If you still want to buy these T-shirts, you can place an order again and for further cooperation, we will give you a 10% discount. Waiting for your reply soon.

Sincerely,

(Your name)

4. 由于特殊原因无法采用客户选择的物流方式,应先客户沟通,取得其同意后再更换,并及时告知更换好的物流单号

【回复案例1】

Dear sir/madam,

There is a backlog of orders for China Post Air Mail to ship. I do not know when your order can be shipped. How about changing the logistics company to EMS? But you have to pay extra freight for it.

Please writing soon to tell me your decision.

Sincerely,

(Your name)

【回复案例2】

Dear sir/madam,

I have changed the logistics company to EMS. Now you can track your package on the web ********** with tracking number ********** .

Sincerely,

(Your name)

5. 货物在运输过程中丢失,向买家提出重新发货

【回复案例】

Dear sir/madam,

Your items have been shipped on 12 MAY, 2019, however the shipping carrier has lost the package. At this point we would like to offer you two options, we can either resend you items or provide you with a full refund. Please let know which you prefer. We are sorry for any inconvenience this may have caused

Thank you.

(Your name)

6. 货物已经到达买家海关,需要买家清关

【回复案例】

Dear sir/madam,

Your order number xxx has arrived and is being held by customs, and you will need to clear your item with customs. Please note that there might be VAT that you might have to pay.

If you have any questions, please feel free to contact us directly and we will be glad to assist you.

Thank you.

(Your name)

7. 货物投妥,但投妥地址与签收人不一致,请买家再次核对

【回复案例】

Dear sir/madam,

Your package was delivered to the address that you have provided, here is the shipping receipt. please check with your local post office, or any family member or neighbor who might have signed for your package.

If you have not yet received your package, please feel free to contacct us directly.

Thank you.

(Your name)

(三)关于特殊订单处理

跨境包裹在运输的过程中由于不可抗力、节假日或者其他因素无法按时到达时,客服人员应该主动告知客户,并保证及时封信订单信息,对此造成的不便致歉,希望客户能够理解。

1. 海关查验的原因

【回复案例】

Dear sir/madam,

We received the notice from logistics company that customs in your country are inspecting the parcels strictly recently. In order to have the goods reach you safety, we suggest that the shipment be delayed.

Please let us know your decision as soon as possible. Thanks.

Best Regards,

(Your name)

2. 节假日的原因

【回复案例】

Dear sir/madam,

Thank you for shopping with us. However, in celebration of Natinal Day as well as Mid – Autumn Day, all shipping services are suspended temporarily during the period, so your parcel is delayed.

We apologize for the inconvenience caused and appreciate your kindly understanding.

Best Regards,

(Your name)

3. 不可抗力因素导致的物流延误

Dear sir/madam,

Your order has been shipped since Monday. But we feel so sorry to inform you of a possible delay because of peak seasons or bad weather.

We will keep a close eye on your order, and let you know as soon as possible if there is anything new. In order to make up for the possible inconvenience, we will offer you a/an XX – dollar coupon, which can be used in your next order with us. Your kind understanding will be greatly appreciated.

If there is anything we can do for you, do not hesitate to contact us. Thank you.

Best Regards,

(Your name)

项目五　跨境售后客户服务

售后客户服务的主要工作就是要成功地处理客户投诉，这就需要平台客服人员首先要找到最适合的方式与客户进行沟通与交流。很多客服人员都会遇到客户在投诉时表现出情绪激动、愤怒的情况，如何面对这样客户并做好相应的投诉处理呢？这就需要掌握一定的应对方法。

一、跨境售后客户服务技巧

（一）快速反应

当客户遇到与商品有关的问题时，常常会担心得不到解决而表现出急躁的情绪，因此当客户提出投诉时一定要快速反应，准确记录下客户的问题并与客户沟通确认，在确认之后要及时查询问题发生的原因，并将原因告知客户。但有时会遇到一些不能够马上解决或者查明原因的问题，这时切忌对客户无应答，应向其解释原因，并尽量给予一个确定的答复时间，在答复时间到来时争取给客户一个满意的回答。

（二）热情接待

当收到客户投诉时，要热情对待，很多客服常会出现一个误区，那就是交易时对待客户热情，而投诉时态度冷淡，这样的做法很容易给客户带来一种“虚伪”的印象，这样的印象一旦形成，即便后期解决了客户的投诉，客户也会因不好的体验而不会再次来到店铺购买，造成客户的流失。

（三）认真倾听

对于客户的投诉，不要着急去辩解，而是要耐心地听清楚问题的所在，和客户一起分析问题出在哪里，有针对性地找到解决问题的方法。在倾听客户投诉时，不但要听他表达的内容，还要注意他的语调和音量，这有助于了解客户语言背后的内在情绪。同时，要通过解释与澄清，确保真正了解客户的问题。

> 小　案　例
>
> 客服:XX 先生,您看一下我的理解是否正确:您上个月从我们店铺买了 XX 型号的手机,购买后常出现无故死机的情况,上次的解决方案是让您免费到我们的手机维修中心进行检测,但检测没有显示任何问题。今天,死机现象又再次出现,您很不满意,要求我们给您另行更换一个同款手机,对吗?

(四)引导客户思绪

很多客服人员在服务时对于非自身的问题进行答复时,很少使用“对不起”或“抱歉”这样的语言。其实,“对不起”或“抱歉”并不一定表明你或者公司犯了错,而是体现了你对客户不愉快经历的遗憾与同情。不用担心客户因得到你的认可而越发强硬,认同只会将客户的思绪引导向问题的解决,而非一直处于负面情绪之中。引导客户思绪时可以根据情况采用以下几种方法:

1. 转移话题法

当客户按照自己的思路处在负面情绪中时,客服人员要注意倾听对方的抱怨,从中抓住一些相关的内容,扭转方向,缓和气氛。

> 小　案　例
>
> 客户:你们未按时送到货,让我错过了孩子的生日,这不是钱的问题,这样损失你们补偿得起吗?
>
> 客服:非常理解您,您的孩子多大了?是男孩还是女孩?
>
> 客户:男孩,7 岁了。
>
> 客服:您看我给您补偿一个儿童滑板车可以吗?这款儿童滑板车非常适合这个年龄的男孩子玩,这也是近期我们店卖得最好的产品,希望您能接受。

2. 间隙转折法

对于客服暂时没办法立刻给出解决问题方法的时候,或者客服无权做相关决定的时候,采用间隙转折法这种方法是非常必要的。

> 小　案　例
>
> 客户:我要求全额退款,而且退货的运费要由你们承担。
>
> 客服:您的要求我清楚了,稍等,我向主要负责人员请示一下,尽量满足您的要求,如果实在有困难,您还有没有其他解决方法,我会一并向负责人请示。

3. **给定限制法**

有的时候遇到一些素质较差的客户，虽然客服人员做了很多尝试，但对方依然不依不饶，甚至不尊重客服人员的人格的时候，客服人员可以采用较为坚定的态度给对方一定的限制，从而达到让沟通进行下去的目的。

小　案　例
客服：XX 先生，我非常想帮助您，但是如果您一直这样情绪特别激动，我只能和您另约时间沟通解决问题了，您看呢？

（五）认同客户感受

客户在投诉时常会出现烦恼、失望、泄气、愤怒等各种情绪，客服人员要积极地转化这些情绪，避免将这些情绪看作是针对自己的。无论客户是否有道理，但是在客户世界里，客服人员只有与客户的情绪同步，才有可能真正了解客户的问题，从而找到最合适的方式与客户交流，从而提高成功解决纠纷投诉的概率。

（六）提出补救措施

对于客户的不满，及时提出补救措施非常重要，这会让顾客感觉到你在为他考虑，并且很重视他的感觉。一个及时有效的补救措施，往往能让客户的不满化为感谢和满意。但是在提供补救措施时还要再注意以下几点：

1. **为客户提供多种补偿选择**

通常一个问题的解决方案都不是唯一的，给客户提供多种选择方案，会让客户感受到尊重，同时按照客户选择的解决方案来实施的时候，也会得到客户更多的认可和配合。

2. **诚实地承诺**

在实际的客服工作中，常会遇到比较复杂或特殊的情况，如果客服人员不确信该如何为客户解决问题时，一定不要向客户做任何承诺，而应该告诉客户会尽力寻找解决方案，如果寻找解决方案需要一点时间的话，一定要约定给客户回复的时间，并一定要确定在约定的时间给客户答复。即便到了约定时间仍不能解决问题的话，一定要向客户解释进展状况。

3. 适当给客户一些补偿

为了弥补交易中的一些失误，企业应该给客服人员一定的补偿权限，以便客服能够灵活处理类似问题。但要注意的是，不能只依靠补偿来解决问题，补偿后要认真研究问题，从根本上解决问题，避免今后再次出现类似的情况。

二、跨境售后客服典型业务处理

（一）买家投诉货物与描述不符的沟通回复

【回复案例】

Dear valued Customer,

We have received your dispute message, what's wrong with the items which you have received? If you are experiencing problems with the items that you have received, please take clear photos or video and send it to us so that we may be able to resolve it as soon as possible. Thank you for your time.

(Your name)

（二）货不对版的沟通回复

【回复案例】

Dear Valued Customer,

Sorry to know that you received a wrong item. Please don't worry, we will surely try our best to solve the problem.

Although it hardly happen, as we have a serious package team, but I know nothing is impossible. So would you mind sending me the picture of the item you received? If we find out the problem is on us, would like to resend you the right one or refund your money as you prefer. I assure you will not bear any loss.

I feel so sorry for the inconvenience caused to you and I am looking forward to your confirm message.

Best regards,

(Your name)

(三)买家投诉收货数量不正确的沟通回复

【回复案例】

Dear valued Customer,

If your package is missing some of the items that you have ordered, please take clear photos of the items that you have received, and send it to us. We can then proceed to send you the missing item as soon as possible or you may tell us your solution.

Thank you for your time.

(Your name)

(四)没有在规定时间内收到货物

【回复案例】

Dear Valued Customer,

Thanks for your message.

Sorry to hear that you still have not received your order. Just now I checked the shipping record. It seems that your order has left China on Nov. 23th.

You know Christmas and New Year is coming, and there are many more parcels than usual at this time of the year, which may cause delay of many parcels. I guess that may be the reason why you have not received the goods. Normally it won't be lost. Would you please wait for one more week. I am sure you don't get it after that, please feel free to contact me again.

Thank you for your patience!

Best regards,

(Your name)

(五)客户给出差评时的沟通回复

【回复案例】

Dear Valued Customer,

We noticed that you gave us a negative feedback. We feel so sorry that you are not satisfied with your products.

From your comment, we learnt that the sleeves of the dress are too long for you. In order to show our sincerity to fix the problem, we would like to give you a 5% discount so that you can have the sleeves cut short with the refund money.

Here we sincerely hope that you can revise the bad valuation, for positive feedback is very important to us.

We apologize again for all your inconvenience. If you have any other questions, please let us know. We will definitly try our best to solve all the problems.

Best regards,

(Your name)

(六)买方将纠纷投诉到平台时的沟通回复

【回复案例】

Dear Valued Customer,

We have received your escalated dispute message. Please provide us with the specific problem that you are having in order for us to help you resolve this case as soon as possible. Or you may tell us your solution.

We are looking forward to hearing form you soon.

Thank you.

(Your name)

（七）退换货的沟通回复

【回复案例】

Dear Valued Customer,

We apologize for the inconvenience. But we sincerely hope to bring this matter to a successful solution.

As such, we would like to offer you the following option: 1. Keep the items you ordered and accept a partial refund of US $ xx; 2. Return the goods to us and you will receive a full refund; 3. Return the goods and we will give you a replacement when will when we receive it, and we will take responsibility of the shipping freight back and forth.

Please let us know your decision soon and whatever you decide, we hope to do business with you for a long time.

Best regards,

(Your name)

（八）收到买家退货并完成退款后，希望下次可以再次合作的沟通回复

【回复案例】

Dear Valued Customer,

We have received your item and will now proceed to inform Dhgate to apply the refund to you. We apologize for any inconvenience this may have caused. Welcome to our store again and we will give you some discount in your new order.

Best Regards!

(Your name)

（九）恳请客户修改中差评的沟通与回复

【回复案例】

Dear Valued Customer,

We are sorry to see that you left neutral/negative feedback relating to your recent purchase experience from our store. But I am pleased we have solved the problem together. I hope you are satisfied with our solution.

Now that we have solved the problem, would you please spare some time to change your feedback into a positice feedback? (Link to Revise Feedback: ×××××× ××××××) You know 5 – star is really important for us.

Thanks again and we sincerely lool forward to establishing long business relationship with you.

Best Regards!

(Your name)

模块六　主流跨境电商平台客服体系

学习目标

知识目标:掌握主流跨境电商平台的客服体系

能力目标:能够合理有效地在主流跨境电商平台进行客户服务活动

项目一　亚马逊客户服务体系

一、亚马逊卖家客户服务的基本规则

亚马逊对卖家采用“宽进严出”的管理方式。个人和企业在亚马逊平台上开店是被允许的,除了某些类目对卖家具备一定条件要求外,平台上很多类目则是完全向卖家开放,而且允许卖家销售二手商品。但是,亚马逊对卖家的管理却较为严格。所有卖家都必须遵守平台的全方位保障条款,权益受到侵害的客户常会获得亚马逊的全面支持。

亚马逊作为跨境电子商务平台,在产品及服务由第三方卖家转至客户的过程中,全程参与分销、广告投放、在线评论、售后客户服务等。作为亚马逊的特色的FBA(亚马逊代发货服务)已经成为其主营业务之一,为第三方卖家提供包括仓储、运输配送、跨境物流及定制化物流方案等多项服务。这种收取网店流量费用、分仓租赁、代收代包代发货物及代收款的模式不仅为第三方卖家提供了便利,而且有利于提升客户服务品质,从而为亚马逊带来更多的利润增长。非 FBA(亚马

逊代发货服务)卖家主要通过自发货(Merchant Fulfilled Network,MFN)的形式配送订单,并与客户通过亚马逊平台自行沟通和交流,亚马逊平台只在必要的时候参与。为了缓解与日俱增的FBA(亚马逊代发货服务)仓储压力,亚马逊推出Seller Fulfilled Prime(SFP)项目,使非FBA(亚马逊代发货服务)卖家也有机会接触到亚马逊Prime会员,但加入SFP的卖家必须向Prime会员提供美国48个州两天达(2-day shipping)的免费配送服务。

二、亚马逊平台对卖家客户服务能力的评估

亚马逊是一个非常注重客户体验的跨境电子商务平台,其制订了一套指标来规范卖家账户的日常运营,要求卖家根据设定的指标要求努力经营自己的店铺,服务好客户。如果卖家没有达到指标或者严重超标,其运营就会受到影响。卖家的客户服务能力可从卖家账户的卖家状态、健康状态评定和各项账户指标来判断。

(一)卖家状态

亚马逊平台卖家状态分为以下四种:

活动状态,表示卖家账户处于正常状态,可以在亚马逊上销售商品,按照正常进度支付款项。

正在审核状态,表示卖家账户可以在亚马逊上销售商品,但当前正在接受亚马逊的审核,在完成审核前,卖家账户只能接收资金,但无法转出资金。

受限制状态,表示卖家账户已受限制,可能无法销售某些类别的商品,或只能销售自行配送的商品。

暂停状态,表示卖家账户不能在亚马逊上销售商品,资金会被暂时冻结。

(二)健康状态评定

亚马逊卖家账户健康状态主要有三种不同颜色的符号标记。

绿色复选标记为优秀(Good),表示卖家为客户提供了良好的体验,达到了亚马逊要求的账户整体目标或者在此指标方面的目标。

黄色感叹号为一般(Fair),表示卖家向客户提供的体验未达到亚马逊要求的账户整体目标或者在此指标方面的目标,此时卖家应提升产品和服务的质量,以避免出现负面反馈或索赔。

红色叉号为糟糕(Poor),表示卖家向客户提供的体验远未达到亚马逊要求的账户整体目标或者在此指标方面的目标。卖家应立即提升产品和服务的质量,以避免出现负面反馈或索赔。

(三)各项账户指标参数

亚马逊卖家账户处于什么样的状态、表现如何,还可以从各项指标的分数看出来。亚马逊对卖家账户各项指标的要求见表 6-1-1 所列。

表 6-1-1　亚马逊对卖家账户各项指标的要求

指标名称	指标要求	指标重要性	指标属性
订单缺陷率	<1%	必须满足	服务性
配送前取消率	<2.5%	必须满足	服务性
发货延迟率	<4%	必须满足	服务性
有效追踪率	>95%	重要	服务性
准时到达率	>97%	一般	潜在性
退货不满意率	<10%	一般	潜在性
客户服务不满意率	<25%	一般	潜在性
联系回复时间	24 小时内回复次数 >90%	一般	潜在性
违反政策	不得违反相关政策,例如无侵权、卖假货行为等	重要	政策性

三、亚马逊平台店铺风险控制

(一)产品不符合亚马逊平台相关规定导致的店铺被封

亚马逊是十分照顾消费者的消费体验的,因此一些产品在销售过程中因一些非人为、非可预知的因素导致消费者收到的产品陈旧、破损的商品也会导致消费者的体验受到影像,从而使店铺收到顾客的差评。

如果不遵守亚马逊平台的相关条例，店铺很容易受到消费者投诉。每月只要2～3个正式投诉，店铺就可能会被封，售后服务的态度和结果也会是亚马逊平台考核的标准。亚马逊通常考察负面反馈和产品评论、客户提交A－Z Claim、卖家和买家沟通过程，卖家要注意处理这些的主题邮件(产品损坏、有瑕疵，等等)。

针对因产品不符合亚马逊相关规定而导致的封店，商家应首先找出之前的违规行为，解决它们，然后提出未来防复发的措施，最后，再给亚马逊写申述邮件。

首先，店家应找出原因，查看涉事产品被投诉的次数。原因主要包括：产品是易碎品，经常在运输过程中损坏；使用的包装材料质量低劣；产品通常销售缓慢，易在仓储中折旧，需要修改产品状态；一次性的错误。

其次，店家应扩展检查范围，例如，如果发现有很多问题，与其停止出售某一件产品，不如更换一家供应商；如果使用FBA物流，针对所有退货创建Removal Order，可降低店铺被封风险。

最后，给亚马逊的申诉邮件，在邮件中，应表明你已经调查了店铺被封原因，并想出一些方法来确保以后不再违规(比如上述两部分)。然后，要集中讲述如何长期提高卖家表现，保证客户满意。

行动计划应该包括合理的目标和简单的解决方案，主要涉及加快包装和处理流程；寻找适合自己产品的包装材料(比如瓶装产品使用气泡包装)；分派更多品管人员；定期清理库存；更换供应商。

商家可以通过做好以下几点，有效地避免产品不符合亚马逊相关规定：

a. 熟悉亚马逊所有产品类别和状态相关条规

b. 如果不确定产品是否符合指导方针，别刊登

c. 不要把产品状态标为“New”，然后在产品描述中称产品长期摆在货架上会有点显旧，或有其他瑕疵问题

d. 下架产品不要立刻重新刊登出售，除非亚马逊已经解除警报

e. 销毁无法再出售的产品，避免将来再次退货

f. 定期检查库存中易损物品状态

g. 将易腐物品与保质期长的产品分开存放

h. 向亚马逊申述，当收到投诉时检查剩下的FBA库存

i. 在进货前，向供应商要样品，然后进行测试，以它为参考标准

j. 把产品集中放在盒子中，这样扫描器不会遗漏任何配件

k. 在发往 FBA 海外仓之前，给易沾灰尘的产品套上塑料袋

l. 在产品上标明质保期，确保消费者购买前了解这点

m. 发货前，反复检查产品状态

n. 监控投诉循环周期，挑出这些问题产品

o. 使用 Seller Central 账号里的“Imperfect Orders”报告

p. 查看客户反馈，找出可预防的问题

q. 给自己的产品贴上标签，而不是混合存库，这样不必为其他卖家的违规产品负责

（二）产品与描述的问题导致的店铺被封

产品与描述不符是指产品和 listing 展示的区别较大导致的投诉。当买家在亚马逊平台下单时，他们期待的是完美的产品和卓越的服务。所以，当消费者收到的产品和订购的不一致时，买家很可能发起投诉，次数多了卖家就会受到亚马逊的警告或店铺被封。

1. 找原因

国际惯例，店家要先找出什么因素引发警告邮件或店铺被封。实物与产品页面描述有任何细微差别，都可能触碰到亚马逊的底线。

A. 先查看：

a. ASIN 和 UPC 代码：了解库存产品是否跟消费者收到货物（或退货）一致

b. 产品页面：对比图片、标题、副标题、出版社/制造商、颜色等是否与实物有差别

c. 产品要点：看物品是否应该放在礼品盒内，并提供有质保书、配件等，检查产品是否遗失某些部件，是否运转正常

d. 产品细节和规格：查看重量、尺寸、型号、兼容性，等等

e. 产品描述：看制造商如何说明产品

f. 产品评论：了解产品功能性如何、特定部件是否齐全或者是否易用，等等

B. 检查涉事产品的销售记录,找找有什么规律,比如消费者是否因相似的原因退过货?

C. 核查涉事产品库存。如果这件产品之前也出过很多问题,可以考虑把该产品下架。

D. 如果涉事产品是 FBA(亚马逊代发货服务)库存,向亚马逊申请,检查剩下的库存产品。

E. 如果是库存混合存放的产品,可以要求亚马逊把产品退回来,而不是直接销毁。某些情况下,你会发现问题产品根本不是你的库存产品,比如标签或收缩包装与你自己的产品不一样。

2. 给亚马逊写申述邮件

亚马逊不仅希望看到卖家调查并解决问题,还希望他们能提出一些长远的解决方案。所以,做到以上两点之后,你可以向亚马逊保证已经清理库存产品,并准备实施措施来避免重蹈覆辙。具体措施可包括:定期检查库存;优化 listing(清单),加强相关规则;安排员工负责复查 listing(清单);放弃混合库存,给自己的库存产品贴上标签;创建一个项目,将大部分问题产品捐赠出去,以显示没有重复上架的可能;设计打印传单放入包装箱内,清楚标明退货和退款政策;设置内部质量检控流程,而不是直接出货;针对问题产品与供应商签订协议,降低把它们发给买家的风险;安排更多质量检控员工,创建问题产品黑名单;更换供应商或托运人。

3. 避免个产品与描述不符的问题

为了避免以后触发亚马逊发送警告邮件或店铺被封,可采取以下措施:不要出售任何 listing(清单)描述与实物不符的产品;如果已上架 listing(清单)与实物并不 100% 匹配,创建一个新的 listing(清单);如果大多消费者询问同一个问题,在产品描述中直接标明答案;提供清晰的退货和退款政策,在每一个包装盒上印上公司商标;定期查看退货报告,看有多少件产品“与描述不符”;加强从货源到配送的质量把控,在直接交运或让供应商发货到亚马逊仓库之前,一定先亲自检查下产品。通知供应商产品达不到消费者的期待值;考虑创建黑名单,将反复出问题的产品排除在 listing(清单)和采购订单之外。

（三）单账号和关联账号限制导致的店铺被封

亚马逊最简单的规则之一，就是禁止卖家在同一个地点拥有两个账号。亚马逊强制执行“单账号”政策，可以帮助买家减少与不良商家接触。假设卖家绩效下滑、遭到投诉或负面评价，卖家可以随意开设新账号的话，那消费者就有可能被误导，从不良卖家那里购物。这对其他卖家来说也会构成不公平竞争，同时也间接提高了卖家对自己店铺经营管理的服务（产品）品质。

卖家可以通过登录账号设备的 IP 地址、网络适配器的 MAC 地址、注册公司信息、账号关联的邮箱地址、卖家资料以及银行卡账号方式查看两个不同的账号是否关联。

1. 找出导致账号被关闭的具体因素，尽快处理

根据上面列出的几点，店家应找出导致账号关闭的具体原因并尽快处理。亚马逊通知卖家销售权限被移除，一般基于这两个原因：操作多个卖家账号，或现有账号与已关闭账号有关联。卖家可对比所有账号信息，找出具体哪里出了问题。

2. 提供合理理据并和亚马逊积极交涉

如果账号被关闭，尝试向亚马逊申述恢复，这可能是卖家面对的最艰难的事情，除非有开设两个账号的正当理由，否则卖家基本很难胜诉，即使这样，卖家也应当不抱成见，用积极的态度与亚马逊交涉。

如果是卖家故意经营两个账号，可联系亚马逊，向他们展示两个账号是完全分开独立的。卖家需要证明这两个账号运营的是完全不同的产品、产品类别、供应商、物流体系、商业模式，总之，卖家要提出所有能够区分两个账号的因素。

3. 如果亚马逊过去给了卖家经营两个账号的权限，提供授权记录

如果过去亚马逊曾被说服，允许你运行两个账号，现在仍有可能为你开特例。亚马逊允许卖家开设两个账号，之后又反悔，要求他们关闭一个账号，这也是有先例的。事实上，他们甚至可能过段时间后，把剩下那个账号也关闭了，因为这个账号与之前关闭的账号有关联。这时，提供亚马逊授权的邮件记录，有助于提高胜诉机率。

（四）第四种：亚马逊绩效指标差导致的封店

绩效指标是针对第三方卖家设置的行为准则，亚马逊用绩效指标来区分卖家的优、良、中、差。特别是当亚马逊的硬性指标变得更高、更复杂，这样的指标将激励卖家做得更好。在这些指标当中，订单缺陷率、订单取消率和延迟装运率是导致账号被封的主要原因，目前退货率和客户服务不满意率并不是衡量卖家账号的硬性指标。

1. 订单缺陷率（ODR）

订单缺陷率（ODR）是亚马逊关闭卖家店铺的主要参考标准。ODR（订单缺陷率）如果超过 1%，就会被认为太高了。但如果店铺被封，那 ODR（订单缺陷率）可能是超过 1.19%。

卖家需警惕，A – to – Z 索赔对 ODR（订单缺陷率）的影响非常大，即使撤销也会有影响。同样，退单拒付问题也要及时与相关银行协商解决，即使它对 ODR（订单缺陷率）并没有影响。

2. 订单取消率和延迟装运率

订单取消率和延迟装运率导致关闭店铺，表明卖家在产品库存和配送流程方面存在问题。订单取消率是指卖家主动取消订单，而不是买家取消。延迟装运率是指延迟发货，或发货后忘记通知买家并提供运单号。

在由于绩效指标而导致店铺被封的情况下，在向亚马逊提交申述之前，卖家可以先尝试着解决亚马逊在封号通知邮件中提到的那些不符指标问题，专注于找出一些长期的解决方法，更有利于当前情况下的申诉结果。

（1）解决订单缺陷率（ODR）问题

在申述前，如何改善 ODR 状态：尝试说服消费者或亚马逊移除负面反馈；请供应商及时配送替换产品，以避免 A – Z 和负面反馈。

在申述邮件中可以提及一些长期的解决方案，如根据客户的抱怨和评论，提供更好的包装、更严格的质量把控、提高配送速度，如有必要应更换供应商；设置专门人员负责检查产品状态、配送流程，等等；多关注客户反馈（可采用相关软件)；采用一个更安全的绩效追踪系统，在达到亚马逊限额之前予以提醒。

(2)处理订单取消率和延迟装运率问题

向亚马逊申述前，可以采取的措施是：更新订单处理时间；查看最近记录，了解快递公司是否及时发出货物；申述信中可提及几个长期解决方案；提高总销量，以降低订单取消和延迟发货率；更换供应商或改变商业模式；如果几天之内无法处理订单，确保将网站状态改为假期模式；雇佣更多包装员、产品处理员和发货员；使用更多响应式库存处理软件；采取一些措施，帮助监控员更有效地追踪这些指标。

(3)保证账号指标在限定范围的方法

还有一些方式，可以帮助卖家把这些指标控制在亚马逊限定范围内：

a. 追求完美

经常重复出售一些固定的产品，定期查看 Imperfect Orders Report，找出客户经常不满意、要求退款的销售模式或产品。

b. 积极主动处理问题

关注买家抱怨、负面评价、退货要求等所有不好的信息和产品信息页面，找出问题。为自己设定指标更高的目标，当未达到指标时，进行内部预警。

c. 让消费者满意

改善退货率和客户服务不满意率：清楚标明退货政策，在客户收到货物 48 小时内接受退款；卖家可进行退款，并确保这么做完全合理；从过往经验中学习，在回复中尝试不同的处理方式。

(五)销售假货导致的店铺被封

亚马逊反假货的政策是指任何在亚马逊网站上出售的商品都必须是正品，禁止销售未经授权的复制品、盗版、假冒商品；如果被人投诉在亚马逊平台销售假货的话，那么卖家的账号很容易被亚马逊叫停，资金也将会被冻结。在这种情况下如何赢回亚马逊的青睐，并避免以后重蹈覆辙将是卖家首先要解决的问题。

1. 查看亚马逊账号

为了找出哪些因素可能导致店铺被封，卖家需要回顾近期举动，并了解亚马逊如何检测卖家行为。

亚马逊算法会根据监察产品评论和卖家反馈、过滤买家提交的 A－Z claim，寻找敏感词、扫描卖家网站政策、产品描述、产品标题和所列的关键信息、检查消费者联系卖家的原因（产品问题等）来进行日常检察。

卖家需要注意的事情是避免在和用户沟通过程中出现一些容易引起亚马逊算法注意的敏感词汇，比如“not fake”“not inauthentic”。即使在解释时的本意是好的，也有可能触发亚马逊的警告。

买家可能会认为你在卖假货，在联系你之前就向亚马逊投诉，虽然他们并不是有意破坏你的生意。某些情况下，买家会这样想仅仅是因为产品没有原厂包装，或者缺少一些小册子、镶嵌件、配件等。还有些情况下，一些买家只是对于正品的某些功能期待过高——音响音量更大、按钮使用时间更久——如果产品没有达到他们的期待，他们就会认为自己收到的是假货。

如果因为销售假货而被关闭店铺，而且不知道谁真正拥有该产品的销售权，那卖家就要向制造商核实，向所有供应商询问他们从哪进货，以及如何证实产品的真实性，了解他们是否获得生产授权。

2. 给亚马逊的申诉邮件

亚马逊希望卖家能清楚为什么销售权限被取消，并提出具体、长期的解决方案。因此，申诉邮件中可包括以下措施：

（1）解决引起店铺被封的问题，比如澄清产品来源和功能问题

（2）保存每件产品的原始证明

（3）记录所有供货商以及供货商的来源

（4）下架并销毁所有违规产品

（5）采购部门增加更多员工

（6）定期清理库存

（7）如有必要更换供应商

3. 避免因销售假货导致的店铺被封的策略

亚马逊奉行“先暂停账号，有异议再说”的原则。一条简单的投诉就足够关

闭店铺,特别是对新卖家而言。店家需要采取一些预防措施:

(1)向供应商索要详细发票,品牌和制造商名称必须清晰

(2)确保文件名称是“发票”,而不是“订单确认书”或其他类似说法,并按正确格式保存

(3)避免把购买清算产品作为主进货渠道

(4)检查卖家账号中的 Bottom Performers、Return Reports 和 Imperfect Order,及时解决存在的问题

(5)调查供应商和他们的竞争对手

(6)找能给你提供质检证书的供应商合作,或仅与生产商合作

(7)为所有的产品寻找保证书;如果你能提供维修和延期保修,在 listing(清单)中提及这点

(8)在多个硬盘和云网盘中备份所有文件

(9)详细了解供应链,在进货方面持谨慎态度

(六)侵犯知识产权导致的店铺被封

销售过程中,确保所售产品合法且拥有产权所有人授权是卖家的基本责任。如果做不到,就会面临账号被停的局面。但这又意味着如果卖家不太了解知识产权侵犯行为,将很容易触犯亚马逊的规则从而被封店。

1. 知识产权

亚马逊卖家需维护四类知识产权:版权(Copyright)、商标权(Trademark)、发明专利权(Utility Patent)和设计专利权(Design Patent)。换句话说,如果不想亚马逊账号被停,卖家需要避免非法制造、剽窃、销售仿品和假货。

在平台上出售这些产品需要亚马逊和卖家共同承担责任。但考虑到平台的商业模式,最近法院规定亚马逊无须为此担责。这就意味着,卖家需独立承担侵权后果。

2. 侵权后果

产权所有人或法定代理人可能会向亚马逊提起诉讼。亚马逊的相关政策也

规定，不允许出售假货、盗版和未授权产品，等等。侵犯知识产权会导致卖家亚马逊账号被封，资金被冻结。

3. 应对措施

（1）当亚马逊通知卖家存在侵权行为后，卖家要积极应对

（2）浏览内容指南和防伪政策

（3）找出侵犯知识产品法和亚马逊政策的产品或相关 listing 信息

（4）联系知识产权所有人，通常情况下他们比律师更易交流。如果找不到知识产权所有人，就联系亚马逊在暂停账号通知邮件里提到的法定代理人

（5）提供供应商名单及与其合同条款，请求知识产权所有人或代理人撤销投诉。如果知识产权所有人或其代理人没有回复，那就联系律师帮忙

（6）如果卖家能够承担得起账号被停的成本，可以等到与产权所有人把事情解决后再写具体改善计划（POA）。

（7）写一份行动计划，包括产权所有人同意撤销投诉，如果投诉未撤销，那就给亚马逊提交一份详细的步骤清单，表明卖家和自己的律师采取哪些措施规避未来侵权行为，或证明投诉的不合理性。

（8）检查质量管理措施，对员工进行培训，让他们识别易侵权产品和 listing（清单）类型。

（9）下架或清理导致亚马逊账号被停的所有库存产品以及禁止在平台销售的产品。

（10）向亚马逊提起上诉，并采取以上措施。

4. 对于自有品牌产品

（1）刊登产品信息时，要特别注意使用的词语，确保一切都是原创。

（2）在商标数据库中检测品牌关键词或短语，比如 Justia Trademarks。

（3）刊登自有品牌产品之前，确保它是独一无二的，即使已经通过专利审核。

（4）如果有可能，了解每一件产品的知识产权所有人和销售权代理人。

（5）确保刊登的所有产品信息包括图片，都具有知识产权所有人的认可。

（6）记录每一件产品的项目清单和发票，在刊登前进行检查。

(7)确保拿到的文件是发票,而不是订单确认、形式发票、商业发票等。

(8)调查供货商和他们的竞争对手,避免从不能提供相关文件的批发商那里进货。

总而言之,如何避免亚马逊账号因触犯知识产权而被封取决于卖家的商业模式。要么在刊登自有品牌前做所有必备的调查,要么保存供货商提供的合法文书。

(七)KYC审核不过关导致的店铺被封

根据欧洲有关监管机构要求,亚马逊有义务对在欧洲平台(包括英国、法国、德国、西班牙、意大利等)上开店的卖家进行公司和公司所有人身份审核(简称KYC审核)。卖家只有在欧洲验证团队审核通过后,才能在欧洲平台销售商品。这就要求卖家朋友们在注册后通过卖家后台如实填写有关信息并按照要求上传所需文件。如果KYC审核不过关,也会导致店铺被封。

要求卖家上传的文件包括:

(1)公司营业执照扫描件

(2)公司主要联系人及受益人(受益人是指在公司中占有股份等于或超过25%的自然人或法人)的护照扫描件(如无护照,可用身份证正反面加户口本本人页替代)

(3)公司账单:最近90天内的任意一张公司日常费用账单(包括水、电、燃气、网络、电话社保、银行对账单等

必须是正规机构(公用事业单位、银行等)出具;账单上需有公司名称和详细地址,公司名和地址应和营业执照上一致,如卖家实际运营地址在他处,账单上地址应是实际运营地址。使用大陆公司注册欧洲站的卖家无须提供此账单,但使用香港、台湾公司注册的卖家需提供此公司账单,如卖家实际运营地址在内地,账单上的地址也应是卖家的内地实际运营地址。在线账单截屏亦可接受,前期是要有完整的网页链接。

(4)个人费用账单:最近90天内的任意一张主要联系人和受益人个人日常费用账单(日常费用包括水、电、燃气、网络、电视、电话、手机等费用账单或信用卡对

账单等；必须是正规机构（公用事业单位、银行等）出具；账单上需有姓名和家庭详细居住地址；如果该账单是在配偶名下，需同时提交结婚证证明；如果账单是在房东（需为公司房东）名下，需有正规的房屋租赁合同来证明其中的关系。在线账单截屏亦可接受，前期是要有完整的网页链接。如卖家无法提供以上个人账单，其居住证或者暂住证亦可接受。

（5）公司银行对账单：开立一张公司对公的银行对账单，任意银行皆可。账单要求：

a. 要有公司名，和营业执照上公司名一致

b. 要有银行名或标志，清晰可见

c. 必须要有在该行开户的银行账号

d. 账单如有日期要求开立日期在 180 天内，无日期亦可接受

e. 卖家出于保密需要，可遮蔽有关流水往来的记录。卖家可以用对公账户的开户许可证代替

f. 用于收款的境外银行账户。建议卖家使用公司对公账户作为收款账户。我们可以接受开户地在美国、英国、欧盟各国、香港、澳大利亚等银行账户作为收款账户，也接受像 Payoneer 或者 World First 这样代办的境外卡。

在进行 KYC 审核的过程中，务必真实填写公司和个人信息，并上传真实的单据材料，任何试图躲避、绕开审核而不当填写信息或者伪造材料都可能导致无法通过审核，店铺被封。

在点击链接开始注册后，请卖家如实选择卖家分类，公司卖家需选择公司；在“亚马逊如何联系您”处填写营业执照上公司的注册地址；“卖家法定名称”处填写营业执照上公司的注册名称。卖家可用拼音翻译公司地址和名称。在注册成功后，请不用着急填写后台所需信息或者上传材料，亚马逊的卖家支持团队会尽快和申请卖家取得联系，就所需的信息跟卖家说明后再进行填写和上传。

如果大家出现一注册完成就密码错误，无法登陆，或者直接被拒绝注册的。店家可以直接给 seller－performance@ amazon. com 发邮件申诉。

几个申诉的入口：

a. 从 AM 后台 Contact Seller Support 打开 case 投诉，Report a violation https：//

sellercentral. amazon. com

b. 以权利人身份投诉侵权 https://www. amazon. com/gp/help/repo

c. 以买家身份 test buy 投诉 http://www. amazon. com/gp/help/reports

亚马逊官方邮箱：

a. notice@ amazon. com

b. seller – evaluation@ amazon. com

c. pq – review@ amazon. com

d. account – confirmation@ amazon. com

e. cn – seller – verification – enquiry@ amazon. co. uk

亚马逊各站点绩效团队邮箱：

a. US：seller – performance@ amazon. com

b. UK：seller – performance@ amazon. co. uk

c. FR：performance – vendeur@ amazon. fr

d. DE：verkaeufer – performance@ amazon. de

e. JP：alliance@ amazon. co. jp

f. ES：performance – vendedor@ amazon. es

g. IT：performance – venditore@ amazon. it

h. CA：seller – performance@ amazon. ca

用登录邮箱使用英语发送，发邮件时态度诚恳并在末尾再次注明你的登录邮箱，方便对方查询。

四、亚马逊平台客服体系实用操作

（一）邮件回复

亚马逊平台遵循的是“重买家，轻卖家”的经营理念，在这样的经营理念下，客服作为维护店铺健康发展的重要支撑，贯穿于亚马逊运营工作的始终。在日常客服工作中，首先接触的以及接触最多的自然是买家消息的回复。无论是在售前还是售后环节，卖家主要通过邮件形式和买家沟通。这里介绍回复买家邮件的一般步骤。

1. 步骤一:及时查看买家邮件

亚马逊邮件必须在24小时内回复,否则有可能被买家投诉,最终导致店铺关闭。所以,卖家需要每天登录店铺界面,看是否有邮件需要回复。有一点需要客服人员特别注意,各个账号之间为了防止关联,每个电脑只能登录对应的账号,不能在同一台电脑上同时登录两个账号,否则会被亚马逊检测到并按违规处理。

2. 步骤二:分析买家邮件内容

当看到买家邮件的详细内容时,卖家需要有针对性地分析买家邮件的内容和诉求,提炼出邮件核心内容,抓准买家想要通过邮件交流解决的问题,问题找准了,做出的回复要实质性地解决客户问题,形式化、官方化的回复会降低客户的用户体验。

3. 步骤三:注意邮件格式和问候语的应用

在回复买家邮件时,可以按照一般商务函电的格式要求,在表达核心信息之外,加上问候语和礼节性用语,这样既可以使邮件内容完整连贯,又可以提升买家体验。需要特别说明的是,亚马逊后台邮件的回复,除了与一般商务函电有共同点以外,也有其特殊性,主要体现在口语化表达方式的广泛使用上。所以,卖家在加入这些礼节性用语时,应尽可能简明扼要、避免重复。

4. 步骤四:解决核心问题

回复邮件的核心要点就是内容的表达,解决买家最关心的问题,最终提升买家体验。因此,用地道、简洁和得体的语言提供解决方案,是回复邮件的核心要点。

(二)自发货订单处理

亚马逊客服还有一项非常重要的工作内容就是处理订单。关于订单的处理,这里面的问题和细节较多。FBA(亚马逊代发货服务)方式发货的,卖家无须任何操作,因此这里只重点介绍一下自发货订单的处理流程。

1. **步骤一:查看和筛选订单**

点击“订单”→“管理订单”,可以看到所有的订单信息。在左上角的框里通过订单状态筛选未发货订单。如果通过前面的筛选不能快速找到订单,那么可以点击“高级订单搜索”,根据订单发货的日期、订单的状态、配送信息、订单交易的站点来选择订单。

2. **步骤二:查看未发货订单信息**

在筛选出的未发货订单中,我们可以查看订单详细信息。整理订单配送信息,用于生成发货标签。

3. **步骤三:对订单进行发货操作**

根据上一步的订单配送信息,线下生成发货标签,完成打包发货且货交承运商以后,可以在后台订单界面点击“Confirm shipment”。点开“Carrier”可以选择各种快递,填写“Tracking ID”,最后点击“Confirm shipment”,就完成了亚马逊订单发货。

(三)多渠道配送订单处理

采用亚马逊 FBA(亚马逊代发货服务)进行配送时,商品的分拣、打包、配送都由亚马逊负责,无须卖家操作,但在某些特定的情况下,仍然需要卖家通过 FBA(亚马逊代发货服务)系统操作下达发货指令,FBA(亚马逊代发货服务)仓库根据卖家提交的信息打包发货,并收取相应的订单处理费。这些情况包括但不限于以下两种:

情况一:第三方平台的订单通过亚马逊 FBA(亚马逊代发货服务)发货时,需要创建多渠道配送订单。

情况二:由于售后等原因需要给买家额外发送货物时,可以使用多渠道配送订单。

(四)亚马逊移除订单操作

1. **创建移除订单的原因**

以下几种情况需要创建移除订单。第一种情况:商品滞销产生长期仓储费、商品停售或其他卖家原因,需要将现有 FBA(亚马逊代发货服务)库存配送到自建或第三方的海外仓。第二种情况:卖家的 FBA(亚马逊代发货服务)库存中有不可售的商品。不可售商品产生的原因可能有以下几种:

(1)运输中造成损坏

亚马逊 FBA(亚马逊代发货服务)收到卖家发出的货物后会检查每个商品。如果商品的标签有损坏,导致扫描不出具体的信息,那就不能销售;如果商品的包装破损,也可能不能出售;如果包装里面的商品破损,同样不能出售。

(2)亚马逊造成的损坏

一般有两种情况:第一种情况是“Warehouse Damage”,即亚马逊在接收 FBA(亚马逊代发货服务)货物入仓的过程中发生的损坏;第二种情况是“Carrier Damage”,即 FBA(亚马逊代发货服务)出单(亚马逊自己发货),结果买家收到的商品的外观或者包装上有明显的损坏,买家联系亚马逊,要求退货,这是亚马逊在运输环节造成的损坏。这两种情况亚马逊都会给卖家赔偿。

(3)客户造成的损坏

买家收到货物后要求退货,但在货物回运的过程中,商品发生了损坏。

(4)商品自身有问题

FBA(亚马逊代发货服务)的商品发出去后,买家收到货,但因为商品性能和使用方面有问题而感到不满意,联系亚马逊退货。

2. 移除创建订单的步骤

(1)进入后台“管理库存”界面,勾选要创建移除订单的商品,开始创建移除订单。

(2)填写要移除订单的具体信息。在这一步,可以选择的移除方法包括配送到地址(ship - to - address)、弃置(Dispose)两种。需要说明的是,只有选择“配送到地址”才需要填写配送地址,如果选择“弃置”,亚马逊会直接销毁不可售的库存。

五、亚马逊客服相关注意事项

(一)电脑端

坚决不能在同一台电脑(主机)上登陆,操作多个账号。一个亚马逊账号(包含绑定的邮箱)固定在一台“干净”的电脑上。邮箱建议使用 FOXMAIL 第三方的管理软件。可防止邮箱登陆关联。一个卖家账号也是一个买家账号，一台电脑上登陆过一个卖家账号的不能再在亚马逊前台登其他的买家账号。同一套资料注册欧美日站点的三个账号，可以在同一台电脑上登录，不会关联。相同子站，不同资料的账号在同一台电脑上登录会关联账号。

（二）网络端

一条网线只能登陆一个账号，如果是用 WIFI 网络的，将电脑设置成手动连接。每次开机的时候确认好 WIFI 网络再登陆。公司网络线不能随便拔插，实在需要拔插的时候必须和主管确认后方可。

（三）手机端

亚马逊卖家手机软件，每个手机只能登陆一个账号，当需要离开手机软件端通过网页入口进入后台的时候，必须关掉手机无线信号，在 4G 流量状态下登陆。

（四）电话号码

一个手机号码或者座机只能出现在一个账号里面，如果在联系卖家支持时已经告知了亚马逊客服，那么这个号码绝对不能再出现在另外一个账号里。

（五）产品信息

产品的 SKU 编写、图片、标题、卖点、详细描述的信息雷同度不能太高。同站点下的两个店铺，相同的产品不能超过店铺总 SKU 的 20%。

（六）账号密码

不同账号的密码设置必须有比较大的区别。

（七）操作习惯

回复邮件的模板，用词以及语法习惯都不能太雷同。回复邮件时的签名统一以店铺名字落款。多个账号操作时，不要长时期同一时间处理发货。

项目二　eBay 客户服务体系

一、eBay 卖家客户服务的基本规则

（一）卖家不得索取评价

卖家不能以提供利益的方式要求客户留取好评或给店铺高分或修改评价。卖家不能以强制客户提供好评的方式，给客户发送他们购买的产品，或者接受退货退款的请求。卖家同样不能为了获取好评而给客户提供额外的金钱或其他好处。当然，一笔交易结束了卖家可以邀请客户留下好评。如果客户因为交易等问题联系卖家，卖家需要尽全力帮助客户解决问题。一旦问题被解决，卖家可以邀请买家留下好评，给出 DSR 高分，或者修改之前的中差评。一旦发现卖家有违反评价管理政策的情况，eBay 将会采取相应的措施，如限制销售资格甚至暂停账号。

（二）不得操纵评价

eBay 的评价系统让客户和卖家有机会在每次交易后对彼此进行评估和审查。该系统禁止操纵评价，以使 eBay 平台保持可被信赖的状态。任何企图用不正当手段增加卖家自己的评价成绩或降低其他卖家评价成绩的行为，如刷好评、买卖评价、给予不公平的低分等行为，都属于操纵评价。如果不遵守规则，eBay 平台可能会移除评价，并对卖家采取一系列的警告行为，包括限制销售甚至暂停账户。

（三）移除评价政策

在大多数情况下，评价是不能被更改或移除的，除非它违反了 eBay 的评价政策。如果客户留下了中性或负面的评价，eBay 鼓励卖家与客户联系，找到一个双方可接受的解决方案，但不允许通过强迫或欺凌客户来获得更好的评级。卖家有 30 天的时间提出修改评价的请求。卖家每收到 1000 个评论可以有 5 个发送修

订评价的额度。客户有10天的时间做出回复,选择接受并修改评价或不接受并说明原因。如果留错了评价,不管卖家还是客户都可以回复评价或留下一个跟进评论,但留下跟进的评论不会改变卖家评级。在某些情况下,客户可能会失去评价的权利。例如,如果卖家开启了未付款纠纷,则客户不能为该商品留下评价。

二、eBay平台对卖家客户服务能力的评估

eBay卖家等级数据分为两个模块同步更新,一个模块是当前卖家等级,另一个模块是预测卖家等级。卖家等级数据主要从以下几方面进行评估:

(一)综合表现

优质的跨境电子商务卖家应当使客户获得长期良好的购物体验,同时保持稳定的账户表现。综合表现的考核结果由两个方面决定,一方面是综合表现是否达到标准值,另一方面是纠纷率是否合格。具体可量化如下:

1. 表现标准值(长期不良交易率标准值)

低单价问题交易:过去12个月内所有小于等于10美元的交易所产生的问题交易率不得超过5%。

高单价问题交易:过去12个月内所有大于10美元的交易所产生的问题交易率不得超过7%。

长期不良交易:过去12个月的综合问题交易率不得超过5%。

低单价交易量:过去12个月的小于等于10美元的商品的单项交易量大于20笔。

高单价交易量:过去12个月的大于10美元的商品的单项交易量大于20笔。

总交易量:过去12个月的总交易量大于50笔。

2. 纠纷状态说明

通过:指账号纠纷率未超过标准值。

未通过:指账号纠纷率超过标准值。

警告:指账号纠纷问题已经接近标准值,若未及时改善,该账号将有可能会受

到限制,甚至导致账号冻结。

不考核:指账号过去 12 个月的总交易量未达到标准,因而暂时不对该账号做纠纷的考核。

3. 综合表现状态说明

正常:指账号两个考核方面均未超过标准值。

超标:指账号长期不良交易率或者纠纷率超过标准值,但由于该账号正受到其他 eBay 政策的影响,因而暂时未对该账号进行处理。

警告:指账号长期不良交易中有一个或多个考核单项超过标准值,或者纠纷问题已经接近标准值,若未及时改善,该账号将有可能受到限制,甚至导致账号冻结。

限制:指账号长期不良交易率或者纠纷率超过标准值,且该账号未受到其他 eBay 政策的限制。

不考核:指账号过去 12 个月的总交易量未达到标准,因而暂时不对该账号做任何考核。

(二)非货运表现

为了更好地帮助广大卖家控制交易损失,eBay 平台针对卖家过去 8 周的非货运问题交易,如中差评、物品与描述不符导致 DSR 低分、物品与描述不符导致纠纷、物品与描述不符导致退货、卖家取消交易等问题,为卖家设定了以预防为目的的阶段性指标来控制卖家的问题交易率。非货运表现状态说明如下:

- 正常:指账户的非货运表现符合标准值。
- 超标:指非货运表现已高于标准值,但暂时未对该账号产生影响。
- 警告:指目前账号因非货运表现高于标准值受到警告,若未及时改善,该账号将会受到限制,包括额度限制甚至账号冻结。
- 限制:指目前账号因非货运表现高于标准值受到一定的限制。

(三)货运表现

物流的时效性对于跨境电子商务至关重要。为了帮助卖家及时追踪和控制货运表现,eBay 平台会统计卖家近期关于物品未收到导致的纠纷以及运送时间导致的 DSR 低分等情况评估当前账号的货运表现状态。货运表现状态说明如下:

正常:指账户的货运表现符合标准值。

超标:指货运表现已高于标准值,但暂时未对该账号产生影响。

警告:指目前账号因货运表现高于标准值受到警告,若未及时改善,该账号将会受到限制,包括买卖限制甚至账号冻结。

限制:指目前账号因货运表现高于标准值受到一定的限制。

(四)待处理问题刊登

为了确保 eBay 交易平台的安全性,所有不符合 eBay 政策或可能导致不良客户体验的物品都将被即时自动删除。在此物品删除政策的前提下,eBay 特别为卖家提供“待处理问题刊登”报告,提早提示卖家需要在这一星期内处理的问题刊登的情况,帮助卖家更快捷地删除问题刊登的商品,维持卖家的账户表现。卖家可以按照页面指引,在显示的到期时间前,下线报告中的问题刊登的商品。若卖家没能按要求在期限到达前妥善处理问题,则可能导致刊登的该商品被移除,甚至账户的刊登额度被降低。

三、eBay 卖家客户服务的基本规则

eBay 卖家都遇到过账户受限制管理的问题,受限原因有很多,例如侵权、出售违禁品、纠纷太多,等等。

(一)账户限制类型

1. 刊登限制

刊登限制包括自动退款方式设置、违规处理到期、多属性产品属性名重复、重复刊登、必要性细节缺失、违反图片政策。

对于 eBay 卖家来说,eBay 平台会要求卖家设定好自动退款方式。当卖家没有解决好买家的问题,eBay 会对买家进行自动退款,退款由我们自己设定,相当

于我们授权给 eBay,让他们可以进行自动退款。如果没有设定好自动退款设定,后面就没办法进行产品刊登。

进行产品刊登的时候可能会违反 eBay 的知识产权规则,如果违反次数较多,eBay 会要求店家去参加知识产权考试,完成考试得到相对应的评分,评分达标就可以要求 eBay 移除限制刊登,之后才可以正常刊登相关内容。

单账号重复刊登是指一口价物品重复刊登:同一账号、同一物品在线的一口价帖子只能有一个单属性一口价上两个一样的帖子。

多属性一口价物品是指同时有单属性一口价物品在线。

多账号重复刊登是指不同账号间,用同一标题、同一物理地址的首图进行简单重复性铺货。

2. 账号限制

eBay 产品刊登时,图片要先上传到相对应的服务器,获取相应的链接,把链接复制到产品刊登相应的位置,链接就是物流地址,同一物品想要在不同账户进行刊登的话,首图是不能使用相同链接的,但是,如果是卖家描述详情主页的产品图片,这个时候用相同的链接就没有关系。

应对方法:

一是同一物品,多 SKU,多首图,标题差异化刊登。

二是同一物品,利用产品线其他产品进行组合捆绑销售。

三是同一物品,不同站点间定价方式差异化:一个提供免运费,另外一个收费且可送达的地区不重复。

四是不同账号间进行铺货:多首图,标题差异化刊登必要性细节缺失。

进行产品刊登的时候,首先要选好内目,相对应产品的细节属性就会要求我们填写,属于品牌的产品应该如实填写,如果本身不做品牌但属于必填项的话,就可以选择“其他”项,如果没有填写就会产生无法刊登的情况。

3. 刊登图片的限制

(1)创建的物品刊登需要包含至少一张图片

(2)图片最长边至少要有 500 像素(推荐 1600 像素)

(3)上传到 eBay 图片服务器的照片不能有边框,文字水印还可以使用但有尺寸和透明度要求

(4)刊登的二手产品不能使用 eBay 目录照片

Tickets,ebay Motors Vechicles,Motors Pats & Accessories 分类不受此政策影响。

4. 新卖家限制

eBay 有时也会有对新卖家有一些扶持举措,例如,提高卖家的额度。

5. 账号刊登额度限制

如果店铺一个月内一直处于好评状态,就可以联系 eBay 客服提高店铺额度,也就可以接触刊登额度的限制。

6. 30 天类目限制

为了维护 eBay 安全的交易环境,对某些类别的物品 eBay 卖家会有每 30 天刊登特定数量的限制。

7. 信誉度限制

信誉度即好评率,账号安全没有信誉度要求,如果要卖家评级评分比较高的话,那么信誉度就是有要求的,好评率太低也会影响买家购买。

8. 账号关联审核

大账号带动小账号,不过相关联的账号也会产生相应的影响,当大账号出现问题,那么关联的 eBay 账号也会受到相应的影响。

(二)eBay 账户解除限制的方法

A. 自动退款设置:去 eBay 后台进行设定

B. 违规处理到期:参加考试

C. 重复刊登:产品标题、首图、SKU 等差异化

D. 必要性细节缺失:必要性细节属性必填

E. 违反图片政策:注意 eBay 图片的相关要求,尤其是像素要求

F. 新卖家限制:联系 eBay 客服,看表现提升额度

G. 刊登额度限制:申请提高额度

H. 30 天类目限制：等期限过或者刊登其他类目

I. 信誉度限制：慢慢积累好评或者可以跟买家催好评

J. 不良买家体验（BBE）过高：降低中差评及纠纷比例，提高好评率

K. 账号关联审核：各个账号提高表现

L. 侵权删帖：遵守 eBay 知识产权规则，避免上侵权的商品

M. 当 BBE 过高会导致账号额度被大幅度的减少，所以卖家要做好相对应的调整

N. VeRo 计划

（三）被举报后处理措施

A. Ebay 会移除卖家所刊登的被知识产权人举报的物品

B. 没收 eBay 费用

C. 重复的被举报将可能导致账户被限制或冻结

D. 取消“超级卖家”资格

E. 如果认为知识产权人错误举报，请直接联系知识产权人

F. eBay 发送给卖家通知移除的邮件中包含了知识产权人的联系方式。如果确实是错误举报，请让知识产权人和 eBay 联系，eBay 会同意卖家重新刊登

（四）避免被举报

A. 假货：不要在 eBay 上销售假的品牌商品，比如说品牌服饰、电子产品等

B. 平行进口：如果是正规商品，请确认有被授权在某个特定的地区销售

C. 商标：未经授权不要售卖带有品牌商标的商品

项目三　Wish 客户服务体系

一、Wish 卖家客户服务的基本规则

Wish 平台的理念就是利用智能性的推送技术，采用精准营销的方式，迎合消费者的喜好，而不用太多的推广方式或关键词等来进行营销。Wish 的优势在于坚持追求简单直接的风格，不讨好大卖家，也不扶持小卖家，全部通过技术算法将消费者与想要购买的物品连接起来。Wish 卖家进驻门槛低、平台流量大、成单率高、利润率远高于传统电商平台。Wish 与 PC 端展开差异化竞争，利用移动平台的特点，其卖家不用牺牲产品价格来取胜。

Wish 平台规定，客户所销售的商品必须是自己创造、生产或者已获得零售权利的。为了促进客户和卖家之间的交易，为双方的交流提供便利，Wish 平台不代表卖家进行交易，卖家自己完成所有的交易和服务。当然，卖家自行制定的运输、付款、退款及换货政策不得与 Wish 平台的相关政策冲突，Wish 平台保留要求卖家提供服务和修改相关政策的权利。

在下单之后，有的客户需要对订单进行相关的问询或者沟通，他们可以通过票据系统向卖家发出信息，其内容可能包括：改变送货地址或者联系电话，从订单中删除某一项商品，更换尺码或颜色，查询订单状态，询问预计到货时间或者订单追踪链接，告知卖家到货商品有缺陷、损坏或者遗失，要求退货、换货或者退款等。

二、Wish 平台对卖家客户服务能力的评估

Wish 平台对卖家客户服务能力要求严格，定期进行审核，达标的卖家可以成为诚信店铺。Wish 平台最新发布的诚信店铺要求如下，有效跟踪率≥95%，延迟发货率≤10%，30 天平均评分≥4，63 天至 93 天平均退款率≤10%，仿品率≤0.5%。

Wish 平台会对卖家的客户服务与沟通水平进行详细评估，评估的具体内容

涉及发货速度、订单满足率、票据处理速度以及投诉率、商品反馈评价、系统或者客户取消订单。

(一)发货速度

发货速度在 Wish 平台对卖家的评估中所占权重很高,包括订单响应时间、系统跟踪到时间以及配送完成时间。对于订单响应时间, Wish 平台系统要求卖家最好在 2 天之内上传订单号。Wish 平台对系统跟踪到时间的要求是 3 天之内客户能在网上查询到订单号,对配送完成时间的要求是最好在 14 天内完成配送。

(二)订单满足率

订单满足率即无货退款率,涉及客户的购物体验。对于无货产品,店家不能只把库存量设置为 0 ,也尽量不要在前台显示,而应该将产品下架。否则,客户下单之后无法发货,只能退款,这会影响 Wish 平台对卖家的评估。

(三)票据处理速度以及投诉率

Wish 平台的投诉、售后问题都是用票据来呈现的,但是由于平台会预先审核,所以票据显示出来会有延时。Wish 平台要求卖家尽量在 48 小时之内处理票据,越快越好。

(四)商品反馈评价

总体来说,商品反馈评价在 Wish 平台对卖家的评估中所占权重一般。客户在收货之后, 会对商品本身质量以及服务质量进行反馈评价,卖家无法删除。卖家可以和客户对客户反馈评价进行协商,但是, Wish 平台规定卖家不能打扰客户,不得向客户索要好评。

(五)系统或者客户取消订单

系统退单率在 Wish 平台对卖家的评估中所占权重高。Wish 平台的欺诈侦测团队会对一些可能存在欺诈或者有高风险的订单进行自动或人工检测,此时平台会将订单标上醒目标识,卖家无须处理该订单,只需等待审核结果。如果经过审核,Wish 平台认定该订单存在欺诈,系统会取消订单,无须卖家操作,不影响卖家评分。如果认定该订单不存在欺诈,卖家需在规定期限内为该订单发货。在单号上网之前,客户有权取消订单。

三、wish 店铺风险控制

销售假冒或侵权产品。Wish 将会暂停再三侵犯他人知识产权、售假的账户,重复侵犯知识产权可能会导致账户暂停或终止。

建议所有商户采取以下措施:避免上传任何侵犯知识产权的产品,移除所有包含未经授权的侵权内容的相关产品图片、标题以及描述,严肃对待违规行为并且绝不反复侵犯知识产权,保持低仿品率。

没有遵守确认妥投政策。满足妥投政策标准的订单,必须使用被 Wish 认可的物流服务商且必须提供最后一程的物流跟踪信息。没有遵守确认妥投政策的商户将被暂停交易。

出售 Wish 禁售品。Wish 将移除禁售品,且该商户的店铺可能会面临暂停运营或永久关闭的处罚。

以下产品就是 Wish 禁售的产品:

A. 仿品

B. 非版权所有产品(版权属于其他人)

C. 服务性产品(不能以全新的、有形的、实体的物品形式出现的任何服务)

D. 虚拟产品和数码产品:即无形的产品或须以电子形式传输的产品

E. 有形或数码的礼品卡

F. 酒精类产品

G. 烟草及其他点燃抽吸的产品,包括电子烟

H. 打火机

I. 危险化学品

J. 穿刺枪及文身枪

K. 自行车及摩托车头盔

L. 毒品、药品、声称有医疗作用的产品

M. 活体动物、非法动物制品

N. 植物种子

O. 人体残骸及人类肢体(不包括毛发和牙齿)

P. 情色或淫秽物品

Q. 火器及武器

R. 儿童汽车座椅、被召回的玩具

S. 裸露产品

T. 隐形眼镜

U. 仇恨犯罪及任何鼓动、支持、美化对某一类型人群(基于人种、民族、性别、性别认同、残疾或性取向)的仇恨或造成对某一类型人群的贬低的产品,包括支持持有此类观点的机构的产品或内容

询问客户个人信息,如果商户向顾客索取他们的个人信息(包括电邮地址),商户账号将有被暂停的风险。

要求顾客汇款,如果商户要求用户直接打款,其账户将会面临被暂停的风险。

提供不适当的用户服务,如果商户提供了不适当的用户服务,其账户将会面临被暂停的风险。

欺骗用户,如果商户正在欺骗用户,其账户将会面临被暂停的风险。

要求用户访问 Wish 以外的店铺,如果商户要求用户访问 Wish 以外的店铺,商户账户将面临被暂停的风险。

违反 Wish 商户政策,如果商户利用 Wish 政策谋取自己的利润,该商户账户将面临被暂停的风险。

关联账号被暂停,如果商户的店铺与另一被暂停账号关联,商户账号将有被暂停的风险。

高退款率,如果商户的店铺拥有无法接受的高退款率,商户账户将面临被暂停的风险。

高自动退款率,如果商户的店铺拥有无法接受的高自动退款率,商户账号将有被暂停的风险。

高拒付率,如果商户的店铺拥有无法接受的高拒付率,商户账户将面临被暂停的风险。

重复注册账号,如果商户已在 Wish 注册多个账户,商户账户将面临被暂停的风险。

店铺正在发空包给用户,如果商户给用户发送空包,其账户将会面临被暂停的风险。

使用虚假跟踪单号,如果商户使用虚假物流单号,商户账户将面临被暂停的风险。

发送包裹至错误地址,如果商户店铺存在过多配送至错误地址的订单,其将有被暂停交易的风险。

高延迟发货率,如果商户的延迟发货订单比例过高,则该商户面临账户暂停的风险。

使用无法证实的跟踪单号,如果商户的店铺拥有大量不带有效跟踪信息的单号,Wish 商户账户将面临被暂停的风险。

四、wish 平台客服体系实用操作

登陆 Wish 商务平台,在平台顶端的"Wish 商户平台"标志的下方,可以看到商户平台主菜单,包括"首页""产品""订单""客户问题""业绩""系统信息""Product Boost"。在"Wish 商户平台"标志的右侧可以切换平台显示语言。

Wish 商户平台的客户服务主要集中在主菜单中的"客户问题"选项。单击该选项,会出现下拉菜单:"未处理""已回复"和"已关闭"。

(一)未处理

"未处理"是指卖家尚未处理的客户问题。如果有未处理的客户问题,在单击"客户问题"选项之后出现的下拉菜单中,"未处理"一项的右侧会显示阿拉伯数字,表示会出现未处理客户问题列表。Wish 商户平台系统提示卖家需要在 48 小时内回复客户问题,如果超过时间仍未恢复,Wish 平台将介入并以客户利益为先解决问题。

在未处理客户问题列表中,Wish 商户平台会显示客户问题的主要信息,包括

“站内信编号”“创建日期”“最近的更新日期”“仅剩的回复时间”“用户”“标签”“状态”“操作”。

在未处理客户问题列表中操作一栏中,有“查看”按钮。单击“查看”按钮,查看客户问题详情,包括“客户问题”“交易”“地址”“受影响的产品”“订单详情”“项目”。“客户问题”栏中包括客户问题编号、开启日期、最近的更新时间、状态、标签等。“交易”中包括成交 ID、购买日期、自购买开始的时间、是否是礼物。客户问题详情主要显示在后几项。

1. **受影响的产品**

“受影响的产品”后面的括号标有阿拉伯数字,代表受影响产品的数量。单击“操作”栏下方的下拉箭头,可以看到“修改物流单号”“退款”两个选项。其中,“修改物流单号”是指与客户通过协商达成一致后重新邮寄商品,将原物流单号修改成重新邮寄产生的物流单号;“退款”是指与客户通过协商达成一致后,卖家主动给客户退款。

2. **订单详情**

“订单详情”这一栏右侧有个“ + ”按钮,单击“ + ”按钮,会显示订单的详细信息,包括订单 ID、库存量单位(SKU)、变量、成本、配送费、数量等。其中,SKU 是库存进出计量的基本单元,如件、盒、托盘等。

3. **项目**

“项目”这一栏右侧有个“ + ”按钮,单击“ + ”按钮,会显示客户问题的原文和相关信息。卖家或者客户都可以选择“关闭客户问题”选项,被关闭的客户问题将出现在总菜单“客户问题”的“已关闭”页面内。“请求 Wish 支持协助”选项是卖家向 Wish 平台客户服务求助以处理和回复客户问题的时候使用的。在回复客户问题的时候,务必严肃对待。目前 Wish 商户平台允许卖家回复客户的次数有限,一般仅有一次。卖家在回复时需要认真处理,有必要时要附上足够的证据,或者给出可供客户选择的解决方案。

未处理的客户问题一定要回复,否则会直接影响 Wish 后台“业绩”一栏的“用户服务表现”里面的“响应客户问题平均时长(小时)”数据。此外,“未处理”状态下客户问题如果未得到卖家的及时回复,Wish 平台会根据问题标签和回复时间规则自动分配给 Wish 客户服务人员进行回复处理。

一旦 Wish 客户服务人员回复了客户问题，该问题就不会出现在主菜单“客户问题”中的“未处理”一栏中了。在这种情况下，客户很难知晓该问题的存在以及处理结果，需要在“客户问题”中的“已回复”或“已关闭”栏中逐条检查是否有最新的客户问题记录。

卖家需要特别注意，目前客户问题的回复处理是以 Wish 客户服务人员为主的，只有需要卖家确认的客户问题才会在“未处理”一栏中进行通知。所以，卖家在“未处理”一栏中未必能够及时看到所有的客户问题通知，因此需要及时自行在“已回复”或者“已关闭”栏中仔细查看和跟进最近的客户问题及其回复处理情况。

（二）已回复

“已回复”是指 Wish 客户服务人员或者卖家自己已经回复过的客户问题，单击“创建日期”或“最近的更新日期”右侧的排序按钮，可以查看最新的客户问题。单击“最近的更新日期”右侧的排序按钮，则可以将订单按“最近的更新日期”的顺序排列。

Wish 用贴标签的形式对客户问题进行分类，实际上也是对常见客户问题的汇总。卖家在 Wish 运营过程中，可以根据客户问题较多的类型进行有针对性的优化调整。

在客户问题列表的最右侧“操作栏”中单击“查看”按钮，可以查看客户问题详情，这里的客户问题详情与“未处理”状态里的客户问题详情大致相同。但是值得注意的是，“已回复”状态下的客户问题，已经由卖家或者 Wish 客户服务人员回复，卖家不能再次回复，只能等待客户回应。如果客户一直不回应，则该客户问题会一直显示“等待客户回应”状态。

（三）已关闭

“已关闭”是指卖家或者 Wish 平台已经回复过、没有争议、可以关闭的客户问题。“已关闭”状态下的客户问题，仅供查找和查看客户问题详情，不能进行其他操作，其与“已回复”状态的使用方法基本一致。但是要注意，“未处理”“已回复”和“已关闭”三种状态下的客户问题的数目加起来，才是客户问题的总数。